북 치는 사람
The Timpanist

북 치는 사람
The Timpanist

이원로 15번째 시선집

차 례

⟨Prologue⟩ Flashes of Time 시간의 섬광

제1부

That Day, That Time 그날 그때

That Day, That Moment 그날 그때 ──── 16
Switch 스위치 ──── 18
Rotation and Revolution 자전과 공전 ──── 20
Chameleon 카멜레온 ──── 22
Plea 탄원 ──── 24
Flame 불길 ──── 26
Hand in Hand 손에 손 ──── 28
Instinct and Intellect 본능과 지성 ──── 30
Bounds 한도 ──── 32
Witness 증인 ──── 34
Shoulder Blades 날갯죽지 ──── 36
Lightning 번개 ──── 38
I and Others 나와 남 ──── 40
Feedback Loop 피드백 루프 ──── 42
The Great Roc's Wings 대붕의 날개 ──── 44
Summer Solstice Sunrise 하지 일출 ──── 46
Fog 안개 ──── 48
Collapse 붕괴 ──── 50

Weather Map 기상도 —— 52

Pursuit 추구 —— 54

제2부

Vertical and Horizontal 수직과 수평

Vertical and Horizontal 수직과 수평 —— 58

The Road and Time 길과 시간 —— 60

Tears 울음 —— 62

A Night of Tears 눈물의 밤 —— 64

Wind and Clouds 바람과 구름 —— 66

A Wandering Planet 떠돌이 행성 —— 68

Deadline 기한 —— 70

Empty Space 빈자리 —— 72

The Ignorant 철부지 —— 74

Surrender 투항 —— 76

Infinity 무궁 —— 78

Cute Little Fingers 고사리 손가락 —— 80

A Gentle Touch 손길 —— 82

Outside and Inside 밖과 안 —— 84

Futility 허사 —— 86

Grief 애통 —— 88
Yearning 동경 —— 90
Vicarious Satisfaction 대리만족 —— 92
The Bird in My Hand 손안의 새 —— 94
Hearty Laughter 너털웃음 —— 96

제3부

The Sower 씨 뿌리는 사람

Cross Section 단면도 —— 100
Explorer 탐험가 —— 102
Permission 허락 —— 104
The Comforter 위로자 —— 106
Art and Science 예술과 과학 —— 108
Round Dance 원무 —— 110
The Sower 씨 뿌리는 사람 —— 112
Prayer 기도 —— 114
The Day of Discontent 불만의 날 —— 116
The Checkerboard and the Equation 바둑판과 방정식 —— 118
The Roots of Desire 소망의 뿌리 —— 120
Nightmare 악몽 —— 122

Friend 친구 ——— 124

Autumn Leaves 가을 잎사귀 ——— 126

Hunger and Thirst 허기와 갈증 ——— 128

Sky Plains 하늘 평원 ——— 130

Sunset 낙조 ——— 132

Footsteps 발길 ——— 134

Cave Paintings 동굴 벽화 ——— 136

Circle 동그라미 ——— 138

제4부

Five Seasons 오 계절

One Step 한걸음 ——— 142

Autumn Flower Rain 가을 꽃비 ——— 144

Three Faces 세 얼굴 ——— 146

The Gate of the Cave 동굴의 문 ——— 148

Zero 제로 ——— 150

Autumn Trees 가을 나무들 ——— 152

Correlation 상관 ——— 154

Beckon 손짓 ——— 156

The Storm 폭풍 ——— 158

Composition and Arrangement 구성과 배열 ──── 160

Sixth Sense 육감 ──── 162

Rhythm 리듬 ──── 164

Quintet 오중창 ──── 166

Sunrise 해돋이 ──── 168

The Vast Sky 창공 ──── 170

Glory 영광 ──── 172

Messiah 메시아 ──── 174

Children of Glory 영광의 자녀들 ──── 176

Five Seasons 오 계절 ──── 178

The Immortal Gesture 불후의 몸짓 ──── 180

제5부

Silent Knocks 소리 없는 노크

Joy 기쁨 ──── 184

Bulbs 구근 ──── 186

Vestigial Eyes 흔적 눈 ──── 188

Emanation 발산 ──── 190

The Wind Always Blows 바람은 언제나 분다 ──── 192

Insight 혜안 ──── 194

Despair 낙망 —— 196

A Striking Sensation 강렬한 느낌 —— 198

The Timpanist 북 치는 사람 —— 200

The Fox and the Bear 여우와 곰 —— 202

Illiteracy and Ignorance 문맹과 무지 —— 204

Silent Knocks 소리 없는 노크 —— 206

The Wheel 바퀴 —— 208

Judgment Day 심판의 날 —— 210

The Face of the Winter Solstice 동지의 얼굴 —— 212

Smile 미소 —— 214

Reemergence 재현 —— 216

A Hint 귀띔 —— 218

Witch Hunt 마녀사냥 —— 220

Order 질서 —— 222

⟨Epilogue⟩ The DNA of Time 시간의 DNA

▨ 이원로의 시세계 | 양순모 —— 227

북 치는 사람
The Timpanist

이원로

Prologue

Flashes of Time

The paths we come and go,
Flashes of time,
An equation of body and mind.

The movement of space-time,
An equation of energy,
Flames of time.

An equation of energy,
Flashes of time,
The universe of awe.

프롤로그

시간의 섬광

오고 가는 길은
시간의 섬광
몸과 마음 방정식

시공의 운행은
에너지 방정식
시간의 불꽃

에너지 방정식
시간의 불꽃
경탄의 우주

제1부
그날 그때

Part I
That Day, That Time

That Day, That Moment

That day, that moment
A time to commemorate,
A day of fear,
A moment of expectation.

Riding the course,
Following the path,
That day, that moment
Comes and goes.

From this side of eternity,
To the other, racing forward
On a one-way journey,
An unstoppable force.

Living with all,
Connecting everyone,
Equally fair to all,
The hand of omnipotence.

That day, that moment,
A world of mysteries,
A universe of wonders,
A realm of awe.

그날 그때

그날 그때
기념의 시간이지
두려움의 날이지
기대의 순간이지

궤도를 타고
진로를 따라
그날 그때는
오고 가지

영원의 이쪽에서
저쪽을 향해 달리는
전진의 일방통행
거역할 수 없는 힘

모두와 함께 살고
모두를 연결하며
모두에게 공평한
전능의 손이지

그날 그때
불가사의의 세계
경이의 우주
경외의 나라이지

Switch

Where there is matter,

There is antimatter.

Where there is an electron,

There is a positron.

The switch that raises here

Becomes the click that lowers there.

The switch that turns this off

Becomes the click that turns that on.

The subtle circuit of yin and yang

Governs the workings of the universe.

The end of yin is the beginning of yang,

The end of yang is the beginning of yin.

The peak

Is the beginning of the bottom.

The bottom

Is the beginning of the pinnacle.

스위치

물질이 있으니
반물질이 있고
전자가 있으니
양전자가 있지

여기를 올리는 스위치가
거기를 내리는 클릭이 되고
이곳을 끄는 스위치가
저곳을 켜는 클릭이 되지

오묘한 음양의 회로가
우주의 운행을 다스리지
음의 끝은 양의 시작
양의 끝은 음의 시작

정상은
바닥의 시작
바닥은
절정의 시작

Rotation and Revolution

At the sight of a departing figure,
I beat my chest helplessly.
Is it misdirected grief,
Or misplaced resentment?

How many more times
Must the earth rotate
Until the sorrow of sunset
Rises as the splendor of dawn?

How much longer
Must the sun revolve
Until the sadness of the earth
Transforms into the joy of the heavens?

"I have shown you,
But you failed to see.
We must turn together
Until your eyes are opened."

자전과 공전

떠나가는 뒷모습에
하염없이 가슴을 치네
빗나간 애통인지
잘 못 짚은 원망인지

낙조의 애석함이
여명의 장관으로
떠오를 때까지
지구는 몇 번이나 더
자전해야 하나

땅의 슬픔이
하늘의 기쁨으로
변화될 때까지
태양은 얼마나 더
공전해야 하나

"알려주었는데
못 알아채니
눈이 뜨일 때까지
함께 돌아야 하리"

Chameleon

For the chameleon,
The day it lays eggs
Is its final day.

Barely covering the eggs with dirt,
Exhausted and drained,
It awaits its fate.

With every wave of convulsions,
Its entire body flickers
In all the colors it can emit.

A final fireworks display,
The blazing trail of a soul
Escaping to the next world.

The departure signal
Sent from here must have already
Been received over there.

A grand finale's rainbow,
A supernova in deep space,
A chameleon in the forest.

카멜레온

카멜레온은
알 낳는 날이
종말의 날이란다

흙으로 알을 겨우 덮고
기진맥진해져
운명을 기다리지

경련의 물결을 따라
발산하는 모든 빛깔로
온몸이 번득거리지

종국의 불꽃놀이지
다음 세상으로 탈주하는
영혼의 발사 불길이지

여기서 보내는
출발 신호를
이미 거기서 받았으리

대단원의 무지개
심우주의 초신성
숲속의 카멜레온

Plea

A gallery of earth, heaven, and hell
Painted with heart and soul.

Scenes of guilt and pride,
Landscapes of longing and praise,
Spectacles of fear and curses.

No matter how much you strain your mind,
You fumble in the dark until the moment comes.

Bound by something,
Captured by someone,
Obsessed without knowing why.

You can't untangle it alone,
So the voice of your plea rises high.

탄원

마음과 혼을 다해 그려낸
땅과 하늘과 지옥의 전시장

자책과 오만의 모습
갈망과 찬양의 경관
공포와 저주의 광경

제아무리 머리를 짜내도
만날 때까지는 더듬을 뿐이지

무언가에 결박되어 있지
누군가에 사로잡혀 있지
왜인지 집착하고 있지

홀로는 풀 수 없어
탄원의 소리 드높지

Flame

Seeing the flames in your eyes,
It's clear you've received something-
A sign of the mission entrusted to you.

What to do,
How to do it,
The flame will guide you.

Whether it came through a plea,
Or was given as a calling,
It was bestowed from above.

The path you run,
The fruit you bear,
Will be judged from above.

What belong to heaven returns to heaven,
What belongs to earth remains on earth,
And you will be repaid according to what you accomplish.

불길

눈에 불길이 이는 걸 보니
무언갈 받은 게 분명해
간직된 사명의 증거이지

무얼 하라는지
어찌하라는지
불길이 인도하리

탄원해서 받았건
소명으로 주었건
위에서 내린 것이지

달려가는 길
맺어가는 열매
위에서 평가하리

하늘에 속한 것은 하늘로
땅에 속한 것은 땅으로
이룬 만큼 돌려주리

Hand in Hand

As the sap rises through the branches,
Budlets sprout forth.
With fervent flames,
The blossoms will bloom.

A hand reaching out to climb,
A hand reaching down to lift,
At the signal of the spring equinox sunrise,
The flower kingdom unfolds.

Is it a hand that reaches out,
Knowing it will be grasped?
Or a hand that grasps,
Because it is reached out?

Gazing around the void,
It spins a delicate thread.
As fervently desired,
A cocoon will be woven.

Someone will make you
Reach out your hand,
And someone will
Grasp your hand as well.

손에 손

가지에 물이 오르니
잎망울이 돋아나지
간절한 불길로
꽃봉오리가 피어나리

오르려 내미는 손
잡아 올려주는 손
춘분의 일출 신호로
꽃 나라가 펼쳐지지

잡아줄 줄 알고
내미는 손인지
내밀기에
잡아주는 손인지

허공을 두리번대며
실오라기를 뿜는다
지극한 소원대로
고치를 짓게 해 주리

누군가 너의 손을
내밀 게도 하고
누군가 너의 손을
잡아주기도 하리

Instinct and Intellect

All of human history
Is a journey of survival and living.
Wherever there is life,
These two forces always run together.

The wheel of culture and civilization
Is directed by the course of living,
And turned by the power of survival.
Survival has always been the vanguard.

The root of survival is the instinct to preserve,
The essence of living is rational intelligence,
The command center of the brain aligns with this,
Activating and connecting to function accordingly.

Now, in your life and mine,
How much is dominated by survival?
How much belongs to the realm of living?
What will the allocation be tomorrow?

본능과 지성

인류 역사의 모두는
생존과 생활의 여정
삶이 있는 곳에는 언제나
두 힘이 함께 달려가지

문화와 문명의 수레바퀴는
생활이 방향을 잡아가고
생존의 힘이 돌려가지
선봉장은 언제나 생존이지

생존의 뿌리는 보전적 본능
생활의 본질은 이성적 지성
뇌의 사령탑도 여기에 맞춰
활성화되고 연결 작동되리

지금 너와 나의 삶은
얼마가 생존에 지배되는지
얼마가 생활 영역인가
내일엔 어찌 할당되려나

Bounds

In an attempt to adorn the given moment,
Everything grows astonishingly lush.
Trees stretch to obscure the sky,
And paths are overgrown with grass.

Though it seems like an endless sprint,
The orbit cannot be escaped.
Following the order encoded in DNA,
Surging passions are kept in check.

Even when the wind swirls violently,
It stays within the bounds of chaos.
Even when the river fiercely overflows,
It bows and returns to its course.

No matter how far one runs,
It remains within the given path.
No matter how high one soars,
It remains contained within the universe.

한도

주어진 한때를 꾸미려
모두 놀랍게 무성하리
나무는 하늘을 가려가고
풀에 온통 길이 덮여 가지

무한 질주 같아도
궤도는 못 벗어나리
DNA에 담긴 질서 따라
솟구치는 열정을 조절하리

바람이 소용돌이쳐도
혼란의 한도 내에 머물리
강물이 무섭게 범람해도
머리 숙여 제 길로 돌아오지

제아무리 달려가도
주어진 길 안에 있으리
아무리 솟아올라도
우주 안에 담겨 있으리

Witness

Drawn by something unknown,
Climbing the mountain with determination,
Even without knowing why.

For so long, the astonishing sight
That remained unseen
Suddenly reveals itself,
Opening your eyes to see.

The world of marvels within,
Previously overlooked,
Unfolds before your eyes.

Even without knowing the score,
You sing and dance with joy,
So delighted that you become a witness.

증인

무언가에 끌려서
왜인지 알지 못하면서도
열심히 오르던 산

그처럼 오랫동안
안 보이던 놀라운 게
어느 순간 드러나며
눈이 터 보게 되리

지나쳐 버렸던
그 안에 들어 있는
경이의 세계가
눈앞에 펼쳐지지

까막눈에 악보 없어도
노래하며 덩실덩실 춤추지
너무나 기뻐 증인이 되리

Shoulder Blades

A magpie flutters clumsily
Up a branch, uttering a monosyllable,
Checking its shoulder blades.

Father aims high,
Telling me to fly endlessly,
While Grandfather advises
Not to even look at a tree I can't climb.

Confused, I dream ominous dreams.
I try to soar high but get swept away by turbulence,
Falling endlessly until I wake up.

If only I could know my quota in advance,
But afraid of falling behind, I push myself too hard.
They say not to worry about tomorrow,
But I dismiss it as mere consolation.

I recall the patient's words,
Asking if there's a fool
Who blindly follows the doctor's orders.

날갯죽지

까치 한 마리가 허둥지둥
가지에 올라 단음절을 내며
날갯죽지를 점검하고 있지

아버지는 높이 겨냥해
끝없이 날아보라는데
할아버지는 못 오를 나무는
아예 쳐다보지도 말라는 충고

헷갈리니 흉몽을 꾸리
높이 오르려다 난기류에 쓸려
한없이 추락하다가 깨어났다

할당량을 미리 알면 좋으련만
뒤처질라 무리하게 욕심내리
내일은 걱정하지 말라고 하지만
위로의 말로만 치부해 두리

의사가 하라는 대로만
하는 바보도 있느냐던
환자의 말이 다시 상기되리

Lightning

The cicadas buzz loudly,
Then light pierced through the forest.

Light is faster than sound,
So why do I hear before I see?

Are my eyes worse than a cicada's,
Or is it a lack of focus?

How can a distracted sidelong glance
Match the clarity of a focused mind?

Thunder roars loudly,
But I live on, never seeing the lightning.

번개

매미 소리 요란하더니
숲을 뚫고 빛이 스며들지

빛이 소리보다 빠른데
어찌 듣기 전에 못 보는지

내 눈이 매미 것만 못한지
주의력 결여 장애인지

딴전 보는 곁눈질이 어찌
집중된 마음눈을 당하리

천둥은 요란히 울리는데
번개는 못 보고 살아가리

I and Others

I am the "I" who lives within me,
And others are the "I" who live within them.
Though we're in the same situation,
Why do we see each other as separate?

Many try to kill others
To save themselves,
But rarely do someone sacrifice themselves
To save others.
They transcend the animal kingdom
And enter the realm of the divine.

I hope my desires
Do not bring despair to others.
I hope my victory
Does not lead to another's defeat.
Giving as I wish to receive
Is as difficult as crossing the chasm of death.

The others within me,
And the "I" within them—
We are all in the same boat,
A community of life.

나와 남

나는 내 안에 사는 나
남은 남 안에 사는 나
같은 처지에 놓였는데
우리가 서로 남인지

많은 이가 남을 죽여
나를 살리려 하지만
드물게는 나를 죽여
남을 살리려 하지
동물 왕국을 벗어나
신성 영역에 들어섰지

나의 소망이 남에게
절망이 되지 않길 바라지
나의 승리가 남에게
패망을 주지 않길 바라지
받고 싶은 대로 주기가
죽음을 건너기만큼 어려우리

내 안에 사는 남
남 안에 사는 나
같은 배를 탔지
생명공동체이지

Feedback Loop

As if taming excessive hunger

By stimulating the nausea center,

Through the suppressing feedback loop,

Boosting the center of jubilation,

The gentle touch of the circuit

Will caress sorrow and pain.

The centers of affirmation and negation,

The intertwined circuits of light and darkness,

The network connecting central and peripheral,

Countless feedback loops,

Await the dawn of a virtuous cycle.

So that failure and pain

Do not erupt into envy and anger,

So that hunger and discontent

Do not turn into greed and rebellion,

The delicate mediation of feedback

Among feelings, thoughts, and soul is underway.

피드백 루프

구토 중추를 자극해
피드백 루프의 억제로
지나친 허기를 다스리듯
환희의 중추를 북돋우면
회로의 부드러운 손길이
슬픔과 아픔을 어루만지리

긍정과 부정의 중추
빛과 어둠의 얽힌 회로
중추와 말초의 연결망
수많은 피드백 고리가
선순환의 날을 고대하리

실패와 고통이
시기와 분노로 분출 안 되게
기아와 불만이
탐욕과 반역이 안 되게
느낌과 생각과 영혼의 정교한
피드백 중재가 진행 중이지

The Great Roc's Wings

Its wings are so vast and long-

How can its shoulder blades bear the weight?

The great Roc's desire to conquer the sky.

Its body is so large and heavy-

Even managing its own wight is a struggle,

The dinosaur's ambition to dominate the earth.

How can they survive?

The Roc's unfocused aspirations,

The dinosaur's misguided ambitions.

The sparrow's mocking is loud,

Yet deep within,

I still revere the Roc and the dinosaur.

대붕의 날개

날개가 너무 거대하고 길어
어찌 날갯죽지가 감당하겠는지
하늘을 석권하려는 대붕의 욕구

몸집이 너무 크고 무거워
제 몸 다스리기도 힘겨우리
땅을 호령하려는 공룡의 가슴

어찌 살아남으랴
초점 없는 대붕의 웅지
방향 잃은 공룡의 야망

참새의 조롱 시끄러우리
그래도 아직 마음 아주 깊이
대붕과 공룡을 모시고 있지

Summer Solstice Sunrise

Arms raised high,

Waving hands in a raucous celebration,

The welcoming crowd of the summer solstice sunrise.

A throng struggling within their own shadows,

They revel in the light that brings life to darkness,

Beneath it all lies a deep, shared longing,

A connection forged long ago.

The earthrise seen from the moon,

The galaxy rising on the sun's horizon,

Fingers stirring deep within,

Reaching out to cling to the light.

A circle of dancers moving as one,

As they look up together, they dance together,

Holding hands, they sing together.

하지 일출

높이 팔을 치켜올려
손 흔들며 야단법석 떠는
하지 일출의 환영인파

제 그림자 안에서 허덕이는 무리
어둠을 살아주는 빛에 열광하지
한곳으로 향한 근저에 깔린 갈망
오래전 서로 고리 지어져 있으리

달에서 바라보는 지구돋이
해의 지평에 솟는 은하 맞이
깊이서 꿈틀대는 손가락들이
줄을 뻗어 빛에 매달려 보리

원을 그리며 춤추는 무리
함께 우러러보니 같이 춤추지
서로 맞잡으니 함께 노래하지

Fog

In the dense fog,
What are you groping to grasp?
Are you recklessly clutching
At the path that requires careful choosing?

Unable to see what's shown,
Stubbornly insisting on what's hidden,
Rejecting what's offered,
And clinging to the unattainable.

Will you charge ahead,
Ignoring warning signs,
Only to find that
The shortest path becomes the longest?

When your way is obscured,
It's to reveal another path,
One that your thoughts
Have yet to reach.

안개

자욱한 안개 속에서
무얼 잡으려 더듬는지
신중히 택해야 할 길을
마구잡이로 붙들려는지

보여주는 것도 못 보며
가려진 것을 억지 부리지
잡으라는 걸 뿌리치고
잡을 수 없는 걸 고집하리

위험신호를 무릅쓰고
정면 대결로 돌진하려나
가장 가까운 길이
가장 먼 길이 되지

진로가 안 보이게
가려놓은 건
생각이 못 미치는
딴 길을 내주려 서리

Collapse

As time runs out,
Cells will collapse.

Structures will cave in,
Functions will deteriorate.

Nuclei and organelles
Will scatter into molecules.

As molecular bonds dissolve,
They'll form a sea of atoms.

Following the astonishing path given,
They'll become the builders of the next world.

Do you see the supernova?
What seems like the end is a new beginning.

붕괴

시간이 다하니
세포가 붕괴 되리

구조가 내려앉고
기능이 쇠하지

핵과 세포기관이
분자로 흩어지지

분자의 결합이 풀리며
원자의 바다를 이루리

주어진 놀라운 길을 따라
다음 세상의 역군이 되지

초신성이 보이지
끝인 듯 새 시작이지

Weather Map

The feelings and thoughts will change
Depending on where you stand and the time
Lights and sounds blooming in the neural web
Are the weather map of our consciousness.

Your boredom
Becomes my mystery,
And my everyday life
Becomes your miracle.

The procession of the wind changes constantly,
And the clouds shift their shapes every second.
It feels like we are moving forward,
But where to and why is beyond our grasp.

Your jewel
Turns into my dust,
And my honor
Becomes your speck.

기상도

서 있는 자리와 시간 따라
느낌과 생각은 달라지리
뇌 망에 피어나는 빛과 소리가
너와 나 의식의 기상도이지

너의 권태가
나의 신비가 되고
나의 일상이
너의 기적이 되지

바람의 행렬은 시시각각이고
구름은 매 순간 모습이 바뀌지
앞으로 달리는 듯싶긴 한데
어디로 왜인지는 가마아득하지

너의 보석이
나의 먼지가 되고
나의 명예가
너의 티끌이 되리

Pursuit

They say it's a futile hope,

Like grasping at a mirage,

But how could one give up the pursuit?

The path is already set,

Nothing new under the sun, they say,

But would you spend a lifetime

Pouring your heart into a fruitless chase?

Who can quell

The yearning curiosity

Stirred by the unknown?

The path of pursuit toward the future

Is a tailored trajectory led by dreams.

Though bound by given limits,

The flame of the soul still burns bright.

추구

부질없는 소망이라고
신기루 붙들기라고
어찌 추구를 포기하리

이미 다 정해진 길
새로운 건 없다지만
평생 헛된 질 치느라고
심혈만 토하려느냐 지만

미지가 불러일으키는
호기심의 열망을
누가 가라앉힐 수 있으리

미래로 향한 추구의 길은
꿈들이 이끌어갈 맞춤형 궤도
주어진 한계에 묶여 있다지만
영혼의 불꽃은 여전히 타오르지

제2부
수직과 수평

Part II
Vertical and Horizontal

Vertical and Horizontal

The whole of the mission
For which we are sent here
Is the establishment of relationships.

Only one,
Above and below-
The vertical relationship.

Countless,
In every direction-
The horizontal relationships.

Relationships are communion,
Catching grace
And building each other up.

The reverent vertical relationship
Forms the wondrous horizontal ones,
Leading us toward eternity.

수직과 수평

여기에 보내진
사명의 전부는
관계의 설정

오직 하나인
위와 아래
수직관계

무수한
사방팔방
수평관계

관계는 사귐
은혜 잡기와
서로 세워주기지

경외한 수직관계가
경이로운 수평관계를 이루어
영원으로 이끌어가지

The Road and Time

Is the road ahead long?
I should hurry,
Yet why am I more relaxed?
Is it because there's still plenty of time,
Or is that just a misunderstanding?

Is the road ahead short?
I should be at ease,
Yet why am I rushing?
Is it because time is running out,
Or is that a misunderstanding?

Who will I meet, and when?
What am I going to do,
And where is this road leading?
Do I act this way
Because I already know?

The remaining time is
The road we are to travel.
Since the remaining time is fleeting,
The path each one is to follow
Will be various accordingly.

길과 시간

남은 길이 머니
서둘러야 할 터인데
어찌 더 느긋하지
남은 시간도 많은 걸로
이해인가 오해인지

남은 길이 가까우니
느긋할 것 같은데
어찌 더 서두르는지
남은 시간도 짧은 걸로
오해인지 이해인지

누구를 언제 만나
무엇을 하려
어디로 가는 길인지
알고 있기에
이러는 건가

남은 시간이
가야 할 길
남은 시간이 무상하니
갈 길이 서로 각기
변화무쌍하리

Tears

Trembling hands,

Feet fumbling, searching for their place.

Looking up to the summit, what is this?

Trying to hurry, to skip ahead,

A misstep-clinging to the edge, I cry.

Gripping the handrail tightly,

Carefully stepping up, I rise.

In one great effort, I leap the last two steps,

Throw myself onto the peak, belly down,

And burst into tears.

Tears crying for help,

Tears of failure and frustration,

Tears of achievement and relief,

Tears of joy in overcoming myself-

Tears turn the world around.

울음

발발 떨리는 손
자리 찾으려 허둥대는 발
꼭대기를 보자 어인 일인지
걸음을 빨리 건너뛰려다
헛딛고 벼랑에 달려 우네

야무지게 손잡이를 움켜쥐고
조심조심 발판을 딛고 솟는다
마지막 두 발짝을 한꺼번에
온 힘 다해 꼭대기에 뛰어올라
배 깔고 울음 터뜨리지

살려달라는 울음
실패와 좌절의 울음
성취와 안도의 울음
저를 이긴 기쁨의 울음
울음이 세상을 돌려가지

A Night of Tears

Last night,
The tears I shed
Turned into dew,
Trembling in the morning light.

Since I shed my tears,
Trembling in awe of the light,
My sleepless heart
Must feel at ease.

Tossing this way,
Turning that way,
How could a night of tears
End all at once?

As I have wept,
As I have trembled,
The dawn will fill
My soul with light.

눈물의 밤

어젯밤
흘린 눈물이
이슬이 되어
새벽빛에 떨지

눈물을 흘려냈으니
빛에 두려워 떠니
잠 못 이루는 마음
홀가분해졌겠지

이리 뒤척
저리 뒤척
눈물의 밤이
어찌 한 번에 끝나리

흘린 만큼
떨린 만큼
새벽빛이
채워가리

Wind and Clouds

The sound of breathing
Causes change to occur,
The heartbeat is
The wheel of time,
Footsteps of expectation.

Change is opportunity,
Expectation is momentum.
In the anticipation of change,
Life blooms, grows
And bears fruit.

Change is the wind,
Expectation is the cloud,
The wind always blows,
Clouds flow everywhere.
The world is wind and clouds.

바람과 구름

숨소리 울려
변화가 일지
심장박동은
시간의 바퀴
기대의 발소리

변화는 기회
기대는 기동력
변화의 기대 속에
삶은 피어나고
자라 열매를 내지

변화는 바람
기대는 구름
바람은 언제나 불고
구름은 어디서나 흐르지
세상은 바람과 구름

A Wandering Planet

The pain of separation,
The fear of being cut off,
It's a lifelong cry.

Just as time and space
Cannot be divided,
Neither can body and mind
Be severed.

Yet deceived by illusions,
Still unaware of the truth,
You become a wandering planet.

Separation is just the prelude to union,
Cutting off is the preparation for rejoining,
A world beyond imagination
Will unfold on the other side.

떠돌이 행성

분리의 아픔
절단의 두려움
평생의 울부짖음이지

시간과 공간이
불리 불가이듯
몸과 마음도
절단 불가인데

가짜에 현혹되어
아직도 진실을 모르고
떠돌이 행성이 되지

불리는 결합의 전 단계
절단은 접합의 준비 작업
상상을 초월하는 세계가
너머에서 펼쳐질 거야

Deadline

The path we walk is time-bound.
Living according to deadlines,
Anxiety and restlessness, unnoticed,
Have accumulated within our genes.

Who set these allotted times?
Before autumn passes by,
We must fulfill our duties,
And the day fades amidst the groaning.

Yet surely, only what we can bear
Has been entrusted to us.
Surely, enough time
Has been granted to achieve.

For it's a thrilling game that grips with sweat,
We shall not stop our rotation.
For it's a race to shed the load,
We shall not delay our revolution.

기한

우리의 가는 길은 시한부
기한에 맞춰 살다 보니
초조와 불안이 모르는 사이
유전자에 가중되지

누가 정한 시간인지
가을이 가기 전에
몫을 다 해내야 하니
신음 가운데 날이 저물지

그래도 감당할 만큼만
일을 맡겼으리
해낼 만큼은 분명
시간을 내주었으리

땀을 쥐는 즐거운 게임이니
우리는 자전을 멈추려 않으리
짐을 벗어가는 경주이니
우리는 공전은 늦추려 않으리

Empty Space

Standing alone on a distant hill,
Arms outstretched, gazing up,
Who has fallen into the night sky?

A meteor shower of dots and beams
Sent from a faraway land-
Fireworks of July are in full bloom.

The empty space, stubborn and persistent,
Despite being filled and soothed,
Has met its opportunity.

What is it trying to grasp?
Whom is it trying to meet?
It gropes around for its place.

A beautiful moment,
Etching eternity deeply.
As time stands still.

What question was asked?
What answer was received?
How full is the empty space?

빈자리

먼발치 구릉 위에 서서
홀로 팔 벌려 눈 들어
밤하늘에 빠진 게 누군가

먼 나라에서 보내오는
광 점과 광선의 유성우
칠월 불꽃놀이가 한창이지

채우고 달래도 끈덕지게
되살아나는 빈자리가
기회를 맞아 마주 섰으리

무얼 잡아보려나
누굴 만나려는지
자리를 더듬어 보리

시간이 정지된
영원을 깊이 새겨지는
아름다운 순간

무슨 질문을 했지
어떤 대답을 받았지
빈자리가 얼마나 채워졌지

The Ignorant

They point fingers,

Calling each other ignorant,

The gap in generations and experiences,

Different values and standards of judgment-

That's how it goes.

A young bird scolds the old,

Telling it not to wield a rusty ruler.

"Stop quoting proverbs," it says.

The middle-aged bird blinks blankly,

As the immature scolds the ignorant.

How could time alone

Make wisdom grow?

In a world where fandoms scorn wisdom,

The ignorant clash and bicker.

True wisdom is a gift from above.

철부지

서로 철부지라고
손가락질하지
세대와 경험의 차이
가치관과 판단기준이
서로 달라 그리 되어가리

젊은 새가 늙은 새를 다그치지
녹슨 잣대를 들이대지 말란다
격언이랑 제발 들먹이지 말란다
중년 새는 멀거니 눈만 껌벅이지
철부지가 철부지를 닦아세우지

시간이 지난다고 어찌
철이 저절로 자라나리
팬덤이 지혜를 매도하는 세상
철부지들의 다툼이 난무하리
진정한 철은 위서 내리는 선물이지

Surrender

Whether you wish for it or not,
Whether you are joyful or fearful,
When one thing comes to an end,
The next is always waiting.

Even if you firmly refuse,
Even if you resist with all your might,
There is a force that lets what must come arrive,
And what must go depart.

Refusal is the first stage of attention,
Surrender is the last bastion of resistance.
When the fortress of stubbornness crumbles,
You'll enter the home where you'll dwell forever.

Though it's customary to ascend
Step by step,
Sometimes you're carried on a fiery chariot,
Soaring all at once.

투항

바라든 아니든
기쁘거나 두렵거나
하나가 끝 날쯤이면
다음이 항상 기다리지

완강히 거부해도
모든 걸 다해 저항해도
올 것은 오게 하고
갈건 가게 하는 힘이 있지

거부는 관심의 첫 단계
투항은 저항의 끝 보루
아집의 성곽이 무너지는 날
영원히 살 집에 들어가게 되리

단계를 밟아가며
오르는 게 상례이지만
불 마차에 실려서
단번에 치솟기도 하지

Infinity

There will always be
Wonders anywhere, anytime.

The sky is endlessly high
And boundlessly blue.
Its color, its sound,
Its height, its depth
Are immeasurable.

How could sorrow ever be the same?
Joy, too, has countless layers.

The stairs to heaven
Are infinite,
And the paths to hell
Beyond counting-
Boundless, endless.

In the everyday, you see infinity,
And within infinity, everyday life dwells.

무궁

어느 때 어느 곳에나
놀랍지 않은 건 없으리

하늘은 한없이 높고
끝없이 푸르지
색깔도 소리도
높이도 깊이도
헤아릴 수 없지

슬픔이 어찌 다 같으랴
기쁨도 천층만층이지

하늘의 계단도
무수하고
지옥의 길도
셀 수 없이
무궁무진하리

일상에서 무궁을 보고
무궁 안에 일상이 살지

Cute Little Fingers

Nestled in mother's arms,
A baby's little fingers,
Gently stroke her face,
Exploring her eyes and ears.

Mother's body and mind
Completely melt away,
An indescribable joy
Surges through her mind.

Whose signal is it
That shakes the baby's brain network,
The source of love opens,
And waves of affection overflow.

The gentle touch of tiny fingers
Climbs through the circuits,
Igniting a flame of emotion
Deep within mother's brain.

The signal sent
Is delivered by the baby's hands,
Shaking the mother-
A marvelous system of signals.

고사리 손가락

엄마 품에 안긴
아기 고사리 손가락
엄마 얼굴 쓰다듬는다
눈과 귀를 더듬는다

엄마의 몸과 마음이
온통 녹아내리지
형용할 수 없는 기쁨이
머리 안에서 출렁대지

누가 보낸 신호인지
아기의 뇌 망을 흔들어
사랑의 원천이 열리며
애정의 물결이 넘쳐흐르리

고사리손의 어루만짐이
회로를 타고 높이 올라
엄마의 뇌 망 깊은 곳에
감동의 불길을 지폈지

보낸 신호를
아기 손이 전달해
엄마를 흔들지
놀라운 신호체계지

A Gentle Touch

Our days are fleeting,
Clear skies vanish in an instant,
Swept away by stormy waves,
Caught in the whirl of blizzards.

How far and deep can we
See and hear?
A gentle breeze blows
From somewhere high above,
Transforming the dark clouds
Buried deep within
Into a downpour of tears.

All that wipes away and opens up
Is the touch of revelation sent from above,
Awakening eyes trapped in illusion,
To reveal the full flow of life's course.

손길

우리의 나날은 무상하지
화창한 날씨는 순식간
폭풍의 파도에 쓸려가고
눈보라 회오리에 휘말리지

얼마나 멀리 깊이 우리는
보고 듣게 될 수 있는지
어딘가 높은 데서 불어오는
부드러운 바람의 손길이
짙게 안에 덮인 먹구름을
눈물의 소나기로 승화시키지

닦아주고 열어주는 모두는
위에서 보내오는 계시의 손길
착시에 갇힌 눈을 깨우쳐
흐름의 전모를 보게 해주리

Outside and Inside

Frustrated, I open the door
And step outside,
Only to find another inside of the outside.

Bored, I leap over the wall
And run into the outside,
Where yet another outside awaits.

Outside becomes inside,
And another outside becomes another inside-
An endless series of outsides and insides.

Longing for the outside,
I venture endlessly outward,
But I will always end up living inside.

밖과 안

답답해 문을 열고
밖으로 나가 보니
다른 밖의 안이네

지루해 담을 넘어
밖으로 달려가니
또 다른 밖이 기다리지

밖이 안이 되고
또 다른 밖이 또 다른 안이 되는
끝없는 밖과 안의 시리즈

밖이 못내 그리워
한없이 밖으로 나가지만
언제나 안에서 살게 되리

Futility

Fearing that earnest hopes

Might end in vain,

Don't let your heartache turn to illness.

In this world,

There are no futile desires

Or empty prayers.

Every plea

Is not born from within alone.

An intricate connection

Links to places high and deep.

No longing is in vain.

Imprinted in the seed of the heart,

It will grow and bloom,

Beyond its time,

Kept and carried always,

To be fulfilled someday.

허사

지극한 소망이
허사로 끝날까 두려워
애끓다 병나지 마시게
세상에는
헛된 열망이나
허망한 간구는 없다네

모든 간구는
제 안에서만
나온 게 아니지
오묘한 고리로
높고 깊은 곳에
줄이 닿아 있지

헛된 갈망은 없지
마음의 씨에 새겨져
자라가고 피어나리
제 시간을 넘어
언젠간 실현되려
길이 간직되어 가지

Grief

Thick clouds of dust and gas
Hang heavily in the air,
The flow feels ominous.

A wordless gaze exchanged,
As we drift farther apart.
The tangled thread thins,
But it will not completely break.

If only the glance, the gesture, the expression
Could truly convey
The depth of the heart.

Amid the thick clouds,
Where dust and vapor swirl,
The door to eternity will soon open,
The first stage for a rising new star.

We may meet again,
But not knowing when,
We are left in grief.

애통

먼지와 가스의
짙은 구름이 감도네
흐름이 심상치 않다

말없이 마주한 눈길
서로 멀리 갈라져 가리
얽힌 끈이 가늘어지지만
아주 끊어지지는 않으리

눈빛과 몸짓과 표정이
깊은 속마음을 제대로
전달해 주면 좋으련만

짙은 구름 안에서
티끌과 증기가 난무하니
영원의 저쪽 문이 곧 열려오리
새 별로 떠오를 첫 무대이지

만날 듯도 싶으나
언제일지 모르니
서로 애통하게 되리

Yearning

As the heat and humidity
Retreat and fade away,
The distant mountains suddenly reveal themselves.

Your gaze is drawn in,
And you begin to see-
Who sent the signal
To make it so?

Is the gesture of the distant mountains
A call to sit content in peace,
Or an invitation to run and cross over?
Yearning soon stirs within.

You hear its breath,
You feel its pulse-
Yearning is the essence of life itself.

동경

무더위와 습기가
뒷걸음쳐 물러가니
먼 산이 놀랍게 드러나리

눈이 당겨지니
보게 되리
누가 그리하게
신호를 보냈는지

먼 산의 손짓은
좌정해 자족하라는 건지
달려와 넘어보라는 건지
동경이 곧 안에서 꿈틀대리

숨소리 들려오지
맥박이 느껴지리
동경은 생명의 본체이지

Vicarious Satisfaction

Faster than the universe,
Illusions rapidly expand.
Proxies move freely,
In a world ruled by their presence.

How many live
Through vicarious satisfaction,
Fascinated by dazzling illusions,
Proudly wearing the chains of slavery?

Self-indoctrination takes hold,
Turning the proxy into oneself.
Hiding in the womb of illusion,
Vicarious experience becomes the source of comfort.

As illusion monopolizes consciousness,
Awareness has no place to stand.
When illusion becomes part of everyday life,
Vicarious acts harden into habit.

대리만족

우주보다 더 빨리
환상이 팽창해 가리
대행이 종횡하며
세상에 판치는 세대

얼마나 많은 무리가
대리만족으로 살아가는지
눈부신 환상에 매료되어
노예의 사슬을 자랑하지

자가 세뇌가 발동하니
대리가 자기로 변모하리
환상의 아기집에 숨어
대행이 위로의 원천이지

환상이 의식을 독차지하니
자각은 발붙일 데가 없으리
환상이 일상으로 들어서니
대행은 습관으로 굳어지리

The Bird in My Hand

The bird in my hand—
If I hold it too loosely,
It will fly away,
And if I grip it too tightly,
It will crumble.

Life in this world
Is about holding and letting go.
I, too, am a bird
In someone's hand.
I grip tightly to keep for myself,
While he holds me to protect.

As the years pass, my grip
Grows anxious fearing to let go,
Yet the hand that holds me
gradually opens up,
Becoming a nest that lifts me
Into the vast sky.

손안의 새

내 손안의 새
너무 느슨히 쥐면
날아가 버리고
너무 꼭 쥐면
부스러지지

세상살이는
손 쥐기와 펴기
나도 누군가의
손안에 든 새
나는 날 위해 움켜쥐고
그는 날 보호하려 쥐리

해가 지나갈수록
내 손의 쥐는 힘은
안 놓칠라 초조한데
날 잡은 손은 점점 펼쳐져
창공에 올리는 둥지가 되지

Hearty Laughter

May your hearty, carefree laughter
Not be the deepest sigh disguised.
May your noble, serene appearance
Not mask a hidden sorrow.

Though your mind has already moved on,
Your heart still hesitates.
How could tightly tangled knots
Be undone all at once?

You've sought, endured, and pressed on,
And now you've come this far.
You are a victor who has surpassed despair,
An achiever who has conquered yourself.

너털웃음

소탈한 너털웃음이
가장 된 탄식이 아니길
고결하고 초연한 모습
분장 된 비애가 아니길

머리는 이미 넘었는데
가슴은 아직 머뭇대지
얽혀진 단단한 매듭이
한 번에 어찌 다 풀리랴

구하고 다지고 짓눌러
이제 여기까지 왔으니
실의를 넘어선 승리자이지
저를 이겨낸 성취자 이지

제3부
씨 뿌리는 사람

Part III
The Sower

Cross Section

Let us watch the flowing water,

It won't fight against obstacles

But will embrace and caress them as it passes,

Growing intimate over long years.

The towering rocky mountain

Where springs begin

Turns to pebbles along the riverbank,

And finally to grains of sand by the shore.

The flow of time

Will reveal all;

A stage of triumph and defeat-

A cross-section of a fleeting moment.

단면도

흐르는 물을 지켜보자
걸림돌과 싸우지 않으리
보듬어 쓰다듬으며 지나리
오랜 세월 친밀해져 가리

샘물이 시작되는
우람한 바위산이
강가의 자갈로 변하고
바닷가 모래알이 되지

시간의 흐름이
모두를 드러내리
이기고 지는 경연장
찰나의 단면도이지

Explorer

Moment by moment,
Each step we take,
A wondrous and astonishing
Space unfolds.

It has never existed before,
And will never be seen again,
An immeasurably precious
Work of art.

As engraved deeply in each of us,
We run toward the call,
Into a marvelously intricate
And sublime panorama.

So, you and I,
Everyone,
Are explorers,
Pioneers.

탐험가

순간순간 각자가
발 들여 놓을 때마다
절묘하고 기막힌
공간이 펼쳐진다

전에도 없었고
앞으로도 다시 못 볼
헤아릴 수 없이
귀중한 예술품이지
각자마다 깊이
새겨넣어 준 대로
부르는 소리를 향해
놀랍게 정교하고
숭고한 파노라마 안으로
달려 나가면 돼

그러니 너와 나
누구나 모두
탐험가이며
선구자이지

Permission

Who would grant permission
To build a house upon anger?
Who would applaud and welcome
A tower raised from greed?

The seeds of collapse
Are already sown within.

Who would permit a nation
To be founded on vengeance?
How long could a union bound by betrayal
Possibly endure?

The signs of ruin
Are already lurking inside.

허락

분노 위에 짓는 집을
누가 허락해 주랴
탐욕으로 올리는 탑을
누가 박수쳐 환영하랴

이미 그 안에
붕괴의 씨가 심겼지

보복 위에 세우는 나라를
누가 허락해 주겠나
반역으로 결속된 연합이
얼마나 오래 버티겠나

벌써 파멸의 조짐이
그 안에 도사려 있지

The Comforter

The conceited one,

Whose tangled mind plunged into chaos,

Mistook delusion for transcendence.

The foolish one,

Caught in hallucinations through sleepless night,

Swayed by excitement and fear.

How much longer must they wait?

What if it never comes?

Anxiously waiting, consumed with worry-

At last, restful sleep finds them,

Wrapped in peace,

For the Comforter is here.

The pitiful one,

Cradled in almighty arms,

Shall greet the joy of dawn.

위로자

우쭐한 자
뇌 망이 혼란에 빠져
망상을 초월로 착각했지

미련한 자
환각에 잡혀 밤새우며
흥분과 공포에 휘둘리지

얼마나 더 인가
안 오면 어찌할지
애태우며 기다리더니

이제야 단잠에 들었지
평화에 잠기었지
위로자가 함께해 서리

가련한 자
전능의 팔에 안기니
여명의 기쁨을 얻으리

Art and Science

Art and science,

Like the hemispheres of the brain,

Are complementary,

Not mutually exclusive.

Thus, in the world,

There is

No science without art,

And no art without science.

예술과 과학

예술과 과학은
두뇌의 반구처럼
서로 보완적이며
상호 배타적 아니지
그러니 세상엔
예술 없는 과학도
과학 없는 예술도
존재하지 않는다

Round Dance

The puller and the pulled meet,
gathering to dance in a circle.
Here and there intertwine,
joining and parting in turn.

The strength that uplifts the mind,
Offers a flag to wave.
The pull that stirs the heart,
Raises a kite high into the sky.

Each is an example to all,
Whether kind or cruel,
Great or small, strong or weak-
etching the patterns of the world as they go.

원무

끌기와 끌림이 만나
함께 모여 원무를 추지
거기와 여기가 얽히며
합쳐지고 갈라지게 되리

머리를 북돋는 힘이
흔들 깃발을 안겨주리
가슴을 울리는 끌림이
높이 연을 떠워 올리지

각자는 모두의 본보기
선량하건 악독하건
크건 작건 세건 약하건
세상 무늬를 새겨가지

The Sower

In the harsh cold of winter,
The one sowing seeds-
How could sprouts emerge?
When would flowers bloom?

Perhaps the sower misjudged
The passage of time,
Or get lost in distraction,
Now scrambling, in haste.

Sowing seeds is for all seasons,
Why, or for what reason?
There is no other way;
A mission, a quest, without doubt.

Through voice and images,
With all his heart and soul-
Alone in the wilderness,
The sower scatters seeds.

씨 뿌리는 사람

엄동설한에
씨 뿌리는 이
어찌 싹이 트라고
언제 꽃이 피라고

시간의 흐름을
잘 못 짚었는지
딴전 부리다가
허둥지둥하는지

씨 뿌리는 일은
사시사철이란다
왜인지 어째서인지
안 그러면 못 배긴단다

소리로 그림으로
마음과 심령 다해
광야에서 홀로
씨 뿌리는 사람

Prayer

An urgent cry rings out—
is it facing danger,
or deep in pain?

A sharp caw echoes
through the entire forest.

Every sound, glance, and movement
is nothing but prayer,
a yearning, a plea, a cry for help.

Is it sending signals
on the right frequency?

All it knows is only this,
and it has nothing else to give,
so it offers all it has in full.

기도

심상치 않은 외침
위험에 직면했는지
심히 아파서인지

깍깍 울부짖는 소리
온 숲에 울려 퍼진다

소리 눈길 몸짓 모두
기도 아닌 게 없으리
갈망 간구 호소이지

주파수가 맞는 신호를
보내고는 있는 건지

아는 게 고작 그게 다지
그것 밖에 가진 게 없으니
그렇게 다 바치는 거리

The Day of Discontent

The day I longed for so deeply,
That once seemed it might someday come,
Now unfolds before me.

In awe of this astonishingly beautiful day,
What thoughts arise within me?
What emotions stir inside you?
What are you doing,
And how am I spending this moment?
Are such thoughts and feelings,
In truth, too undeserved a gift to receive?

The day of discontent
Lies not in that day itself,
But rather within the discontent.

불만의 날

그토록 소망하던
언젠간 올 것 같던
그런 날이 펼쳐진다

놀랍게 아름다운
그날을 맞이하여
어떤 생각에 잠기지
무슨 마음이 꿈틀대지
너는 무얼 하고 있어
나는 어찌하고 있지
그런 마음과 생각이
내려받기에는 실로
과분한 선물은 아닌지

불만의 날은
그날에 있지 않고
그 불만에 있지

The Checkerboard and the Equation

The world is a checkerboard:

An intricate weave,

A marvel of planning and precision-

A structure that seems dry and repetitive,

A melody that feels monotonous ans tedious,

Yet it holds every breath and heartbeat

Of body and mind, thought and soul.

You can see the gestures of genes,

Hear the whispers of cells.

The universe is an equation:

The densest poetry of the cosmos,

A banner of astonishing order and power-

A seemingly dry array of symbols and numbers,

A code that feels bored and complex,

And yet, hidden within, are the breaths and Rhythms of the macro and microcosm.

Galaxies and constellations lay bare their hearts,

And the rushing waves of the Big Bang can be felt.

바둑판과 방정식

세상은 바둑판:

정교한 짜임새
놀라운 계획과 능력이지
무미건조 반복의 구조인 듯
천편일률 지루한 선율인 듯
몸과 마음 생각과 영혼의
모든 숨과 박동이 담겨있지
유전자들의 몸짓이 보이리
세포들의 속삭임을 들으리

우주는 방정식:

가장 농축된 우주의 시어
놀라운 질서와 능력의 깃발이지
메마른 문자 숫자의 배열인 듯
지루하고 난해한 암호인 듯
대우주 미세우주의 모든
호흡과 율동이 여기 숨어 있지
은하와 성좌가 심장을 드러내 가지
쇄도하는 빅뱅의 물결이 느껴지리

The Roots of Desire

How immense must the hatred be
To fulfill that desire for vengeance,
Willing even to sacrifice one's life
Just to achieve it.

How could this be?
Surely, they must have lost their senses.

How profound must the love be
To save you,
Willing to die in your place
Just to fulfill that hope.

How can this be?
Can this be done in one's right mind?

What are
The roots of desire?
Who is
The source of such sacrifice?

소망의 뿌리

얼마나 원한이 크기에
그 원수를 갚을 수만 있다면
목숨을 바쳐서라도
그 소망을 이루려 하지

어찌 이럴 수가
제정신을 잃었으리

얼마나 사랑이 깊기에
너를 살릴 수만 있다면
나를 대신 죽여서라도
그 소망을 이루려 하지

세상에 이럴 수가
제정신에 이러는 건가

소망의 뿌리는
무엇이지
희생의 원천은
누구지

Nightmare

Trembling, grotesque, and terrifying,
Images of monsters, horrors, and demons-
Is there still more left to create?

Though the costumes and makeup may differ,
No matter how deeply I try to portray them,
No new forms will come to mind.

An advanced scientist, a man of intellect,
Yet all night long, haunted and crushed
By the monsters and demons of my own making.

Am I still living in the grip of darkness?
Is there fear both inside and out?
The nightmare is my brain's self-portrait on display.

Living with my back turned to the light,
Caught in the path of hollow illusions,
Struggling, lost in the swamp of nightmares.

악몽

떨리고 징그럽고 무서운
괴물 흉물 악귀 이미지들
아직도 그릴 게 더 남았는지

의상과 화장만 다를 뿐
마음과 혼을 다해 그리려 해도
더는 새 모습 안 떠오르리

첨단 과학자 지성인인데
제가 만든 흉물 괴물 악귀에
밤새껏 짓눌리고 시달리리

아직 어둠에 잡혀 사는지
안과 밖이 모두 두려운지
악몽은 뇌 망에 전시된 자화상

빛을 등지고 살기에
가짜 홀림 길에 빠져
악몽의 늪에서 허덕이지

Friend

Wherever you go,
You will encounter a friend.
Even if you don't realize it,
A companion is already waiting for you.

In a heart trembling with fear,
A new meeting brings new hope.
From the friend who waits you,
You will gain new strength.

A destined encounter,
A waiting prepared-
An ordinary friend, it seems,
Yet one extraordinary.

Before you cry out,
Before you know it,
A friend to work beside you
Is already there, waiting.

We are all companions,
Friends meeting and waiting.
Who are you to me?
And who am I to you?

친구

언제 어디를 가도
친구를 만나게 되리
못 알아차려도 이미
기다리는 동행자이지

두려워 떠는 마음에
새 만남은 새 희망
기다리는 친구에게서
새 힘을 받게 되리

예정된 만남
준비된 기다림
예사 친구인 듯
특별한 친구지

울부짖기 전
모르는 사이
이미 함께 일할
친구가 기다리지

우리는 모두 동행자
만나고 기다리는 친구
너는 나의 누구지
나는 너의 누구인지

Autumn Leaves

Beneath the vast, blue sky,
On branches swaying endlessly,
Leaves dance with a surprising grace.

A trembling motion of fear,
A bold counterattack lunging forward-
But surely, it's not like that.

Autumn leaves are somehow different,
Perhaps it's the unique autumn breeze
That makes them dance this way.

The coming winter is unstoppable,
Rather than reckless battles, it's a wise truce,
Rehearsing gentle steps to cross over warmly.

Autumn leaves are somehow different,
They learn the steps to embrace the future,
It's a graceful dance of wise victory.

가을 잎사귀

드높고 푸른 하늘 아래
쉼 없이 흔들리는 가지에
놀랍게 춤추는 잎사귀들

두려워 떠는 몸짓
달려드는 당찬 반격
분명 그렇진 않아

가을 잎새는 무언가 달라
무언가 다른 가을바람이
이렇게 춤추게 해주나 봐

다가올 겨울은 아무도 못 막으리
무모한 대결보단 지혜로운 화해지
포근히 넘을 스텝을 리허설 중이리

가을 잎사귀는 무언가 달라
미래를 품을 발짝을 익혀가지
슬기롭게 이길 춤곡 스텝이지

Hunger and Thirst

In a poor heart

With nothing to lose,

Hunger and thirst

Write and carve,

Singing and dancing.

Above the horizon,

Within the waves,

The hidden eternity

Is uncovered and revealed,

Shown with resolute strength.

Only the hunger and thirst

Of a humble soul

Can see the land of longing

Wherever the gaze reaches,

Amid the movement of fingertips.

허기와 갈증

가난한 마음의
잃을 것 없는
허기와 갈증이
쓰며 그리고 새겨
노래하며 춤추리

수평선 위에
물결 안에
숨겨둔 영원을
들추어 드러내
의연히 보여주리

가난한 영혼의
허기와 갈증만이
눈길이 닿는 곳에
손가락 놀림 가운데
동경의 나라를 보리

Sky Plains

An outdoor fitness ground,
A striking figure on the bench,
Lying flat, limbs outstretched,
Running with all fours raised to the sky.

Deeply immersed in the splendid autumn sky,
A triumphant smile ripples across.

Gaining speed, accelerating forward,
Limbs moving swiftly in rhythm,
A leopard races across the grasslands,
Its four legs sprinting over the sky plains.

Where is it headed, and for what purpose?
Perhaps to meet its master and grow wings.

하늘 평원

야외 심신 단련장
벤치 위에 눈 끄는 거동
반듯이 드러누워 사지를
하늘로 치켜세워 달리네

멋진 가을 하늘에 푹 빠져
회심의 미소가 물결친다

속력에 가속이 붙어 간다
팔다리 리듬이 재빠르다
표범이 초원을 가로지른다
네발이 하늘 평원을 질주한다

무얼 하러 어딜 가는 건지
주인을 만나 날개를 달으려나

Sunset

Meeting in a remarkable era,

Crossing the sea to reunite,

On a rainy autumn morning,

A Zoom gathering of familiar old faces.

Their eyes sparkle brightly,

But there's no rush to speak.

This is not a stage for tales of valor,

Nor the age of fervent debates.

Referring to the harvest moon obscured by clouds,

Their eyes are drifting into a world of fairy tales.

A recent brush with death

Is dismissed with a casual smile.

With just the glances and expressions,

They are exploring each other's inner worlds,

Gazing quietly at the dazzling sunset over the sea,

They see each other's reflections.

낙조

놀라운 시대를 만나
바다를 넘어 만나지
가을장마 비 내리는 아침
옛 얼굴들의 줌 모임

눈빛은 영롱하지만
말을 서둘지 않으니
무용담 경쟁 무대는 아니리
열변의 토론 시대도 넘은 듯
한가위 달이 구름에 가렸다며
동화의 세계에 빠져있는 눈
기사회생의 최근 위기를
예사인 듯 흘려버리는 미소

눈빛과 표정만으로 서로의
안 세상을 더듬어 보고 있으리
눈부신 낙조의 바다를 물끄러미
응시하는 서로의 모습들이지

Footsteps

A lonely flag flutters
in an empty sky,
an unnamed flower blooms alone
in a desolate field,
and aimless footsteps roam
through the deep universe.

There is a wind
That makes it flutter,
A touch
That planted it there,
A call
That lifted it to roam.

The day it catches the wind,
it will meet its owner.
The moment it sees the hand,
it will gain a name.
The instant it hears the call,
its way will open.

발길

빈 하늘에 퍼덕이는
임자 없는 깃발
황야에 홀로 핀
이름도 없는 꽃
심우주를 누비는
정처 없는 발길

펄럭이게 해주는
바람이 있지
거기에 심어준
손길이 있지
누비게 올려준
부름이 있지

바람을 잡는 날
임자를 만나리
손길을 보는 시간
이름을 얻게 되리
부름을 듣는 순간
갈 길이 열려오리

Cave Paintings

A group dwelling trapped in a cave,
longing for light, weary of darkness,
perhaps drawing the sun and moon on the walls.
By day, they hunt fiercely,
By night, they cry in sorrow.

On horseback, with bows and spears,
to fill their bellies, to claim more ground,
they hunt beasts and even hunt people,
relentlessly killing all they can.

Just as they bring down their prey,
in the final, gasping breaths,
they meet the indescribable gaze-
eyes that hold a mysterious world within.

The gaze embedded deep within the soul-
fearsome, yet awakening a longing for that distant realm.
Steadying their hearts, they paint on the cave walls,
whether of worldly life or spiritual truths,
etching it again and again upon their hearts.

동굴 벽화

동굴에 갇혀 사는 무리
어둠이 싫어 빛이 그리워
벽에 해와 달을 그리는지
낮에는 기차게 사냥하고
밤에는 서러워 눈물 흘리지

말 타고 활 쏘며 창 들어
배 채우려 자리 넓히려
짐승사냥 사람사냥
닥치는 대로 살육하지

쓰러뜨려 먹으려는 순간
헐떡이다 마지막 숨 내쉬는
형언 못 할 그 눈과 마주쳤지
그 안에 담긴 알 수 없는 세계

영혼 깊이 박힌 그 눈빛
두려우나 그 나라가 그리워
마음을 가다듬어 벽화를 그리지
세상살이와 영적일지
가슴판에 그리고 또 그리지

Circle

Starting from a single point,

I keep drawing a circle,

Its diameter endlessly expanding.

On the ground,

In the water,

In deep space,

On the horizon of the mind.

Though unseen,

Perhaps,

It rides the waves of eternity.

The circle once closed

Gradually opens and grows wider,

The earth spreads out beneath,

The sky draws closer.

The higher I rise,

The broader the circle expands,

Climbing ever higher, ever deeper.

동그라미

한점에서 시작해
한없이 지름이 커지는
동그라미를 그려 가지

땅에서
물에서
심우주에서
뇌의 지평에서

보이지는 않으나
아마도
영원의 파도를 타리

갇혔던 동그라미가
점점 열려 지면서
땅이 발아래로 깔려 가리
하늘이 더 가까이 다가오지

올라갈수록
넓어지는 동그라미
더 높이 깊이 기어오르지

제4부
오 계절

Part IV
Five Seasons

One Step

One step at a time,

Revealing the way forward.

One station at a time,

Allowing the journey to continue.

Always keeping you

Living at the edge of the earth,

To help you realize

That the end is but a beginning.

A marvelous pathway,

Transforming

The torment of adversity

Into a turning point for reversal.

한걸음

한 걸음씩만
앞을 드러내 주리
한 정거장씩만
타게 해 주리

늘 땅끝에서
살게 하리
끝이 시작인걸
깨닫게 하려

역경의 고뇌를
반전의 계기로
전환해 가는
놀라운 통로이지

Autumn Flower Rain

Drawn into the cascade of autumn flower rain,
My footsteps are irresistibly led forward.

Amid the wondrous whirl of countless particles and waves,
Time spins space like a carousel,
And space weaves time into the melody of a festival.

A miraculous light fills my heart,
While the reverberations of space-time stir my soul with awe.

Will you let the fleeting moments of your space time
Be consumed by despair and anger?
If you open the door, a wondrous light
Will pour in and embrace you.

In the flood of long-held emotions unleashed,
A gaze looks beyond, to glimpse what lies ahead.

가을 꽃비

쏟아지는 가을 꽃비 그
가운데로 끌려가는 발길

무수한 입자와 파동의
놀라운 소용돌이 속에
시간은 공간을 회전목마로 돌려가고
공간은 시간을 축제 선율로 엮어가지

마음을 가득 채우는 경이로운 빛
영혼을 흔드는 경외한 시공의 울림

스쳐 가는 너의 시공간을
절망과 분노로 태우려느냐
문을 열면 놀라운 빛이
들어와서 감싸줄 터인데

풀려 쏟아지는 쌓인 회포 그
속에서 너머를 내다보는 눈길

Three Faces

What force pulls so powerfully
Into the past,
Stripping away the present in an instant,
And astonishingly creating the future?

A rocket's fiery trail
Pierces time and space,
Soaring toward the depths
Of the infinite universe.
The propulsion into the past
Becomes the force that lifts,
Overcoming the pull of the present,
And surging into the future.
We come from the past,
Brush against the present, and move into the future.
Time brings forth the present from the future,
And the present gives rise to the past.

The wondrous and awe-inspiring
Three faces of time
Rush on endlessly,
With perfect order and harmony.

세 얼굴

무슨 힘이 이처럼 세게
과거로 빨아들이기에
현재가 순식간 벗겨지며
놀랍게 미래를 창출하는지

시공간을 뚫고
심우주를 향해
날아 들어가는
우주선 불꼬리
과거로의 분사가
솟는 힘이 되어
현재의 끌림을 제치고
미래로 솟아오르지
우리는 과거에서 와서
현재를 스쳐 미래로 가고
시간은 미래에서 현재를 낳고
현재는 과거를 낳아 가지

경이롭고 경외한
시간의 세 얼굴
그침 없이 질주하지
질서가 정연하지

The Gate of the Cave

The cave has but one gate.

Through the entrance,
Seeds are sown.
Sprouts are nurtured,
Flowers bloom,
Fruits are borne,
And then you leave through the exit.

If you only follow your own eyes
And run forward,
You'll hit a dead end.
To leave,
You must turn back
From the path you took.

I thought the entrance and exit
Were separate,
But the entrance is the exit,
And the exit is the entrance.
How is it that
I realize this only now?

Let no one be forsaken.

동굴의 문

동굴의 문은 하나뿐

입구로 들어와
씨를 뿌리지
싹을 가꾸어
꽃을 피우지
열매를 맺고
출구로 나가지

제 눈만 따라서
앞으로만 달리면
막다른 골목
가던 길에서
돌아서야
나갈 수 있으리

입구와 출구가
따로인 줄 알았더니
입구가 출구이고
출구가 입구이네
어찌 지금에서야
알아 차리 게 되지

아무도 버림받지 않게

Zero

Zero is said to be

The greatest among

The ingenious concepts humanity devised.

Not so much an invention,

But a discovery-

A revelation that guided our understanding.

Zero is not mere nothingness,

But the birthplace of real and imaginary numbers,

A bridge where positive and negative converge,

The core of all things and ideas.

Everything begins here,

And everything converges here.

It is the first link in the eternal chain,

The first button of undying time.

Enter to empty yourself,

And emerge fully filled.

Eternity gleams within it,

And infinity spreads its wings from there.

제로

제로는 인류가 고안해 낸
기특한 것 중 으뜸이라지
발명이라기보다 발견이지
깨닫게 이끌어 준 것이지

제로는 영零이 아니라
실수와 허수의 발상지
양과 음이 교차하는 다리
만물과 개념의 중심이지

모두가 여기서 출발하고
모두가 여기로 집중하지
영속을 잇는 첫 고리이지
불후의 시간의 첫 단추

비우러 들어가서
가득 채워 나오리
영겁이 그 안에 번득이지
거기서 무한이 날개 치지

Autumn Trees

Autumn trees,
Gazing up at the sky
Where photons pour down dazzlingly,
Like a torrential shower,
Wave their hands and arms,
Imagining a carnival of dreams.

Shadows of darkness and fear,
The abyssal depths of gloom—
They are shattered and scattered,
Leaving only the mystery of glory.
Riding a tornado of light,
Is this a dream of soaring through time and space?

Are you still hesitating,
Unable to shake off doubt?
It seems unreachable,
A distant star beyond grasp.
Yet the miraculous star
Is already hidden deep within,
Quietly dwelling with you.

가을 나무들

광자들이 눈부시게
억수로 쏟아져 내리는
하늘을 우러러
손과 팔을 휘저으며
환상의 카니발을
그려보는 가을 나무들

어두움과 두려움
심연의 그림자들
말끔히 부수어 날려
영광의 신비만 남게
빛의 토네이도를 타고
시공을 나는 꿈속인지

아직도 머뭇대는지
의심을 못 떨치는지
닿을 수 없는 아주
먼발치 같으나
기적의 별은 이미
깊이 숨어 함께하리

Correlation

Why is your gaze like that?
Why is your question like that?
What does it have to do with you?

There are clothes meant to be worn,
Homes distinguished for living,
And paths meant to be traveled.
If you truly look inside,
There's surely too much to do—
Who has time to peer over at others?

The world is deep and astonishing,
A stage for understanding interrelations,
And setting correlations.

How are you defining your relationship
With the sky above?
How am I understanding
My connection to the earth below?
The setting of these relations
Marks the beginning of a new stage.

상관

눈빛이 왜 그렇지
질문이 왜 그러지
그게 너와 무슨 상관이지

입을 옷이 따로 있고
꾸밀 집이 구별돼 있지
달려갈 길도 달리 있지
들여다보면 너무나
할 일이 많을 턴 데
넘겨다볼 시간 있으랴

세상은 깊고 놀라운
상호관계의 이해
상관관계의 설정 무대

너는 하늘과의 관계를
어떻게 설정하고 있지
나는 땅과의 연관을
어떻게 이해하고 있지
상관관계의 설정이
새 무대의 시작이지

Beckon

Following the flow of radiant light,
A gentle breeze stirs,
Carrying autumn leaves
Far along the wind's path.

The melody resonating
From the strings of the soul-
Is it still the hues of sorrow,
Lingering deep within?

The root of sorrow lies in a fearful farewell,
Yearned for all the more because it is fleeting,
Even more beautiful because it is a parting glance.
A beckon from the other side, reaching to fill the void.

Radiant reed blossoms
Scatter in the wind.
Are you still afraid?
You won't be when the time comes.

손짓

빛살의 흐름 따라
산들바람이 불고
바람의 길에 실려
멀리 날려가는 단풍

심금이 울리는
선율은 아직도
허전한 깊은 속
비애의 색깔인지

비애의 뿌리는 두려운 이별
찰나이기에 더욱 그리우리
일별이기에 더욱 아름다우리
빈 데를 채우려는 저편의 손짓

눈부신 갈대꽃이
바람에 흩날린다
아직도 두려우냐
그때는 안 그러리

The Storm

The storm is a powerful signal,

Drawn by the footsteps of omnipotence,

An opportunity to encounter a wondrous world.

Facing the fear of annihilation,

Losing all one holds dear,

And nearing the moment of abandoning hope-

Amid the furious, crashing waves,

A sudden beam of light

Cuts through with brilliance.

Unnoticed,

One's fortress crumbles,

And hands emerge to grasp the lifeline.

The storm carries the power to turn back,

Transforming the whirlpool of despair

Into a moment of awakening.

폭풍

폭풍은 강력한 신호
전능의 발소리에 끌려
놀라운 세상을 만나는 기회

소멸의 두려움을 직면해
가진 모두를 잃어버리고
소망마저 버리려는 순간

무섭게 요동치는
파도 사이로 문득
번득이며 내리는 빛 줄

모르는 사이
자기 아성이 무너지며
줄을 잡을 손이 돋아나지

폭풍은 돌이키는 권능
절망의 소용돌이를
개안의 계기로 삼지

Composition and Arrangement

In an inescapable maze,
Shall I journey
Alongside of
Undying time?

Lines and planes, space and time,
A marvelous arrangement,
A reverent composition.

The visible world,
The invisible realm,
The vast domain,
The microscopic world.

Shall I portray scenes
That stir the heart,
And shake the soul?

Reliving the past,
Living the future in advance,
In dreams and in waking moments,
I have drawn, am drawing, and will continue to draw.

구성과 배열

탈출할 수 없는
미로에서
불후의 시간과
동행하려나

선과 면 공간과 시간
경이로운 배열
경외한 구성

보이는 세상
안 보이는 나라
거시 영역
미세세계

가슴을 울리는
영혼을 흔드는
경관을 그리려나

과거를 다시 살고
미래를 미리 살며
꿈에도 생시에도
그렸고 그리며 그려가리

Sixth Sense

As the outer eyes fade,

The inner eye grows brighter.

As the outer ear withers,

The inner ear begins to bloom.

As bubbles fade away,

Particles condense.

Stars are born,

And galaxies take shape.

Neurons regenerate,

Reviving the brain's network.

As circuits refine,

So too do synapses become purified.

On the stage where

The five senses decline,

The rhythm of the sixth sense

Will earn its applause.

육감

겉눈이 희미해지며
속눈이 밝아져 가리
겉귀가 시드는 데서
속귀가 자라 나오리

거품이 꺼져가고
입자가 밀집되며
별들이 생겨나고
은하가 형성되지

뇌세포가 거듭나니
뇌 망도 소생하지
회로가 정제되듯
시냅스도 순화되리

오관의 기능이
시드는 무대에서
육감의 율동이
갈채를 받게 되리

Rhythm

Even with determination and focus

To remain unshaken,

As darkness falls,

The center is pressed, scattering apart.

Worries seep in,

And fear begins to rear its head.

Looking out the window,

The branches and leaves of garden trees

Ride the night breeze,

Cradled and swaying gently,

They sleep snugly, wrapped in peace.

This is what victory truly means.

Why should wrestling alone be the answer?

Befriend the wind,

Swim along the waves,

Ride the rhythm,

Dancing with darkness and fear.

리듬

흔들리지 않도록
다짐하고 집중해도
어둠이 깔려 드니
중심이 눌려 흩어지리
걱정 근심이 스며들며
두려움이 고개를 들지

창밖을 내다보니
정원수 가지 잎들
밤바람을 타고
흔들리는 요람 안에서
포근히 단잠을 자네

승리는 바로 이거야
어찌 씨름만이 해답이랴
바람과 사귀어 친구 되어
물결 타고 수영하듯
어둠과 두려움과
리듬을 타고 노는 거야

Quintet

Amid ever-changing,
Astonishing hues,
A quintet resonates.

Seoul's melody,
Paris's tone,
Washington's rhythm,
Cairo's pitch,
Canberra's tune.

Each with unique
Face and attire,
Hat and shoes.

Sounds of the ancients,
Voices of antiquity,
Cries of the medieval,
Gestures of the present,
Signals of the future.

Is it to amplify dissonance
And weave it into harmony,
Or is dissonance
A mere variation of concord?

오중창

시시각각 변하는
놀라운 빛깔 속에서
오중창이 들려 오네

서울 곡조
파리 음색
워싱턴 운율
카이로 피치
캔버라 가락

저마다 다른
얼굴과 의상
모자와 신발

선사의 소리
고대의 음성
중세의 외침
현대의 몸짓
미래의 손짓

불협화음을 극대화하여
협화음을 이루어 가려는지
불협화는 조화의 한 변형인지

Sunrise

Who dared to arrogantly claim
That a broken circuit
Can never be reconnected,
That dead cells
Can never be replenished?

When the main circuit breaks,
A detour opens.
Sprouts of cells,
Born from stem cells,
Neatly fill the void.

Let us watch in quiet awe-
The indescribable
Miracle of revival.
How could words ever capture
The beauty of sunrise?

해돋이

한번 끊긴 회로는
이어질 길이 없고
죽은 세포는 결코
채울 길이 없다고
누가 건방 떨었지

본 회로가 끊기면
우회로가 열리지
줄기세포서 돋아난
세포 싹이 빈자리를
말끔히 채워나가지

잠잠히 바라보자
형언할 수 없는
소생의 기적
말로 어찌 다 하리
해돋이 아름다움

The Vast Sky

When I lift my gaze upward,
There it stretches endlessly,
The vast sky, cloudless and astonishing.
Unbeknownst to me, someone
Shook the antenna of my mind,
Nudging me to see the sky.

Still struggling to decode
The cipher sent in last night's dream,
Perhaps they intend to spark a brainstorm.

Though the open sky seems empty,
It is teeming with countless wonders,
Revealed only when the time is right.

Hidden unknowingly,
Astonishing gifts
Abound within the mind.

창공

눈을 들어 위를 바라보니
끝없이 놀랍게 펼쳐진
구름 한 점 없는 창공

모르는 사이 누군가
뇌 망 안테나를 흔들어
창공을 보게 눈짓했으리

어젯밤 꿈으로 보낸 암호를
아직 해독 못 하고 허덕이니
브레인스톰을 시킬 속셈이지

창공은 빈 듯 보이지만
무수히 가득 차 있고
때가 차야 보게 된단다

모르게 간직된
놀라운 선물이
뇌 안에 무수하지

Glory

With what kind of eyes do we emerge,

How do we bloom and grow,

What fruit do we cherish

In the eyes that return?

Countless stars

Appear and vanish,

Adorning space and time with splendor.

Numerous flowers

Dedicate their sweat and devotion,

Blooming to beautify the world.

Myriad cells

Give their lives in sacrifice,

Glorifying the essence of life.

Eyes of stars, flowers, and cells-

Born from glory,

Revealing glory,

Returning to glory.

영광

어떤 눈을 달고 나와
어떻게 피워 길러
무슨 열매를 간직해
돌아가는 눈인지

무수한 별이
시공간을 멋지게 꾸미려
생겨나고 사라지리
수많은 꽃이
세상을 아름답게 피어내려
피땀 흘려 헌신하리
수많은 세포가
생명을 영화롭게 하려
목숨 바쳐 희생하리

영광에서 비롯된
영광을 드러내는
영광으로 돌아가는
별과 꽃과 세포의 눈

Messiah

Though called unbelievers and skeptics,

Debating endlessly,

In truth, all are believers in the Messiah,

For they share a profound hope.

The Messiah of a nation,

The Messiah of a kingdom, they say,

Yet in truth, He is the Messiah of the entire world,

For all are bound by compassion.

Arguing whether He will come someday or has already arrived,

In truth, He is the Messiah who walks alongside us,

For in the end, all are witnesses to the promise.

메시아

불신자 회의자라
왈가왈부하나 실은
모두 메시아 신봉자이지
지극한 소망을 공유하기에

민족의 메시아
왕국의 메시아라지만
실은 전 세계의 메시아지
모두 자애로 결속되었기에

언젠가 올 이미 온
메시아로 논쟁하지만
실은 동행하는 메시아지
결국 모두 약속의 증인이기에

Children of Glory

In the twilight glow, carried by the wind,
The petals perform a marvelous dance.
Do you hear the harmonious melody?
Do you see the enchanting smile?

An indescribable wonder
Awakens a thought in the moment,
A fleeting feeling that brushes by,
A glimpse of a future painted by imagination.

For reasons unknown,
Surely, there is a greater purpose.
Is it a signal,
Shaking the links to affirm their connection?

Amid the cascade of colors,
The windblown reeds swirl in dizzying flight.
The trembling mountains and fields all around-
They are all children of glory.

영광의 자녀들

석양빛에 날려가는
꽃잎의 놀라운 무도
구성진 선율을 듣는지
황홀한 미소를 보는지

형언할 수 없이 놀라운
순간 떠오르는 생각
찰나를 스쳐 가는 느낌
상상이 그리는 일별의 장래

무슨 이유에서인지
분명 큰 뜻이 있으리
연결고리를 흔들어
확인시키려는 신호인지

쏟아지는 빛깔 가운데
어지러이 날리는 갈대꽃
온통 흔들리는 산과 들
모두 영광의 자녀들이지

Five Seasons

What are these traces of tears?

Tears from birth,
Tears from struggle,
Tears from defeat,
Tears from victory,
Tears of glory.

They are the fruit of five seasons.

The one who planted,
The one who nurtured,
The one who ripened,
The one who brought to fullness,
The one who harvests.

Who are you with now?

오 계절

어찌 된 눈물 자국이지

탄생의 눈물자국
싸움의 눈물자국
패배의 눈물자국
승리의 눈물자국
영광의 눈물자국

다섯 계절의 소산이지

심어준 이
키워준 이
익혀준 이
아람 불린 이
거두는 이

지금 누구와 함께하지

The Immortal Gesture

Your laughter and tears,
All my expressions,
Our countless games-
Everything in the world
Is an immortal gesture.

How could it be so?
Though it may seem unbelievable,
With undying gestures,
We will capture eternity.

In the land of the sun,
In the world of moonlight,
In the universe of starlight,
Undying gestures
Will be drawn and engraved.

Every move, every action,
Is an immortal gesture,
A fervent petition
To reach eternity.

불후의 몸짓

너의 웃음과 울음
나의 모든 표정
우리의 수많은 게임
세상의 모든 건
불후의 몸짓이지

어찌 그럴 수가
믿기지 않겠지만
불후의 몸짓으로
영겁을 잡게 하리

태양의 나라
달빛의 세상
별빛의 우주에
불후의 몸짓이
그려지고 새겨지리

일거일동은 모두
불후의 몸짓이지
영겁에 이르려는
간절한 청원이지

제5부
소리 없는 노크

Part V
Silent Knocks

Joy

A fleeting smile,
Rippling joy.

Is it the joy of harvest,
Or the smile of conquest?

Could it be the sacred joy,
Born of holy zeal?

Or the sensual joy,
Kindled by primal passion?

Clearly a beast in form,
Yet adorned with angel's wings.

기쁨

스쳐 가는 미소
물결치는 기쁨

추수의 기쁨인지
정복의 미소인지

성스러운 열의가 이룬
거룩한 기쁨일지

본능의 열정이 해낸
관능의 기쁨일지

분명 짐승 모습인데
천사 날개가 달렸지

Bulbs

Clearing the riverside reed fields,
I carefully plant the bulbs in place.

Covered by a cozy blanket of snow,
They slumber through the snug winter,
Dreaming of great hopes
To bloom anew in the spring.

Though what is planted may sprout,
Flowers bloom, and fruits ripen,
Who can guarantee
How they will bloom or what they will bear
Until the moment is revealed?

Even with tender care and devotion,
The fruits will not follow one's desires.
May it not lead to the lament of ignorance,
But to the joy of wisdom instead.

May the heart that plants these bulbs
Not be a plea without assurance.

구근

냇가 갈대밭을 파내고
구근을 가지런히 심는다

포근한 눈 이불 덮고
아늑한 겨울잠 자며
대망의 꿈을 꾸어
새봄을 피어내려 서리

심은 대로 싹이 트고
꽃피어 열매 맺는다지만
어찌 피어 무얼 맺을지
볼 때까지 장담 못 하리

애지중지 키워내도
열매는 마음대로 아니리
탄식하는 우매가 아니라
기뻐하는 지혜를 받게 되길

구근을 심는 마음이
보장 없는 간구 아니길

Vestigial Eyes

On a day when the earth's axis shakes,
In the dead of night as the ground collapses,
With the sky offering no response,
We lament and cast blame.

If we can't hear it, we say it doesn't exist,
Mistaking it for noise and passing it by.
If we can't see it, we say it doesn't exist,
Confusing it for something else and ignoring it.

Vestigial ears of you and me,
Trapped within the audible range.
Vestigial eyes of me and you,
Bound by the visible spectrum.

흔적 눈

지축이 흔들리는 날
땅이 꺼지는 한밤중
하늘이 무응답이니
한탄하며 원망하리

못 들으니 없다 하리
딴소리로 알고 지나치리
못 보니 없다 하리
딴 걸로 알고 무시하리

가청범위에 갇힌
너와 나의 흔적 귀
가시광선에 묶인
나와 너의 흔적 눈

Emanation

On the day a whirlwind blows away fallen leaves,
The dreary drizzle comes and goes,
Playing a seesaw game with the sunlight.

Beneath a towering tree in a forest of decay,
A crimson maple branch blooms surprisingly,
Radiant in its vibrant beauty.
Once smothered under the shadows
Of majestic trees, silently surviving,
Now it burns with life in its given moment,
Erupting its condensed vitality into vibrant color.

Who breathed in this elegant vitality?
The vivacious emanation of hues defying decay,
A sacred eruption of colors where fury has sublimated.

발산

회오리가 낙엽을 날리는 날
음산한 안개비는 오락가락
햇살과 시소게임을 벌이지

조락의 숲속 큰 나무 밑에
놀랍게 핀 빨강 단풍 가지
눈부시게 발랄한 아름다움
우람한 나무들의 등살에 깔려
그늘에 숨어 숨죽이며 살더니
주어진 때를 불태워 장식하리
농축된 생기를 색깔로 뿜는다

누가 불어넣은 우아한 생기이지
조락을 이긴 발랄한 빛깔의 발산
분노가 승화된 거룩한 색깔의 분출

The Wind Always Blows

The wind always blows,
Shaking hearts and souls,
To remind them of promises.
The wind stirs time,
So that insight may emerge.

The wind blows everywhere,
It scatters fallen leaves,
In the burial ground where snowflakes drift,
Swelling spring branches
To bloom with flower buds.

The wind is a messenger of revelation,
A prophet and a judge,
Awakening the soul to mark its time.
The outer eyes may weep in lament,
While the inner eyes rejoice in rapture.

The wind blows, within and without.
Is there anything in this world
That comes to be without the wind?
Where does it come from, where does it go?
Is not the whole itself the wind?

바람은 언제나 분다

바람은 언제나 분다
마음과 심령을 흔들어
약속을 상기시켜 주려
바람은 시간을 섞지
통찰이 돌아나오도록

바람은 어디나 불지
눈발 날리는 장지에서
가랑잎을 뿌려대지
봄 가지를 부풀려
꽃눈을 피워내지

바람은 계시의 메신저
영혼을 깨워 때를 알리는
예언자이며 심판자이지
겉눈은 탄식하게 되리
속눈은 기뻐 환호하리

바람이 불지 안과 밖에
바람 없이 이루어지는 게
세상에 하나라도 있으랴
어디서 와 어디로 가는지
세상은 모두 바람 아닌지

Insight

Does the unanswered waiting
Fade the promise into obscurity?

Stepping over winter shadows,
I run across a barren field
Where fallen leaves scatter in the wind.

Am I running away,
Or chasing something in the distance?

On the path braving the headwind,
A sudden sleet strikes my face,
Blinding my vision.

Passion and insight
Do not always walk hand in hand.

혜안

대답 없는 기다림에
기약이 희미해 지시나

겨울 그림자를
밟고 넘으며
낙엽 날리는 벌판을
가로질러 달리지

도망치는 건가
쫓아가는 거리

역풍을 안고 가는 길에
난데없는 진눈깨비
얼굴을 때리고
눈을 가려오지

열정과 혜안은 늘
같이 가지는 않으리

Despair

Striving to create a splendid work,
Pleading for just a little more light,
Yet like autumn leaves under heavy snow,
The hues of despair deepen.

Many are those who begin,
But few are those who achieve.
No matter whom or what one blames,
The sorrow of despair will deeply linger.

In this world, there are those
Who somehow manage to get by,
And others who, no matter what,
Simply cannot live that way.

There are those who have the means
To let go and walk away,
And those who have been pushed
To the very edge, with no way out.

낙망

멋진 작품 지어가도록
빛을 좀 더 애원하더니
폭설을 맞는 가을 잎들
낙망의 색깔이 짙어가지

시작하는 자는 많으나
이루는 이는 드물다지
누구 무엇에 탓을 해도
낙망의 한은 크게 맺히리

세상에는 그럭저럭
살 수 있는 자가 있고
아무리 해도 그렇게는
못 사는 이가 있으리

버리고 떠날 수 있는
여건의 사람이 있고
이미 땅끝까지 밀려
어쩔 수 없는 이가 있지

A Striking Sensation

A thought suddenly pierces through-

Is it a glimmer amidst the light,
Or the beckoning temptation of darkness?

A fleeting, striking sensation-

Could it be the transcendent ecstasy of emotion,
Or the erupting ferocity of primal instincts?

A soul trembling to its roots-

Is it the awe of heaven's gates opening,
Or the horror of a hellish catastrophe?

강렬한 느낌

문득 파고드는 생각-

빛 가운데서 번득이는지
어둠이 손짓하는 유혹인지

스치는 강렬한 느낌-

감성의 초월적 황홀일지
분출하는 야수적 충동일지

뿌리가 떨리는 심령-

하늘 문이 열리는 경외인지
아비규환의 참상인지

The Timpanist

Gathering all the strength within,
Immersed in ecstasy,
Solemnly and boldly,
The timpanist strikes the drum.
When his turn has passed,
Until the next opportunity,
With a profound expression,
He waits for the right moment.

As the next movement begins,
The chance will return again.
The conductor will signal,
Following the composer's score.

Life is a series of waiting,
A rosary of returning chances,
An endless chain of encounters,
The timpanist's devoted strikes.

Even when the performance ends,
It's not the end of everything.
Even if this world comes to an end,
Not everything will truly be gone.

북 치는 사람

온몸의 힘을 모아
황홀에 잠겨서
엄숙하게 담대히
북을 두드리지

차례가 지나니
다음 기회까지
심오한 표정으로
때를 기다리지

다음 악장이 열리며
기회는 다시 오리
지휘자가 눈짓하리
작곡자의 악보대로

세상은 기다림의 연속
다시 올 기회의 염주
끝없는 만남의 사슬
고수의 지극한 두드림

연주가 끝난다 해도
모두가 끝난 건 아니리
이 세상이 다 끝난다 해도
모두가 끝나는 건 아니리

The Fox and the Bear

The battle between the fox and the bear
Reaches its climactic stage.
The cunning fox ensnares the witless bear,
Trapping it in a clever scheme.
The referee, swayed by the louder cheer,
Is too busy reading the room.

What do the eyes of the world
Use to glimpse the future?
Eyes that wait for stars
In the night sky
Will look to the stump
For sprouts to bloom.

In the realm of foxes and bears,
Beyond envy, greed, and distrust,
What else can be seen or hoped for?
Is there insight to discern the truth,
The courage to make it real,
And a cosmic aspiration embedded within?

여우와 곰

여우와 곰의 싸움이
진입 가경에 접어들지
간사한 여우 꼬임에 걸려
재치 없는 곰이 함정에 빠지지
주심은 어느 응원 소리가 큰지
눈치 보기에 여념이 없다

세상눈은 무엇으로
미래를 가늠하는지
밤하늘에서 별을
기다리는 눈은
그루터기서 피어날
새싹을 바라보리

여우나 곰의 나라에서
시기와 탐욕과 불신 외에
무엇이 보이고 기대되는지
간파할 통찰력이 있는지
실현할 용기가 있는지
우주적 염원이 담겼는지

Illiteracy and Ignorance

The world is said to be
An arena where reason and emotion collide.

Politicians ignorant of science
Try to rule over reason,
While scientists unaware of politics
Attempt to instruct emotion.

Civilization is a revolving stage
Where illiteracy and ignorance brawl.
Will emotion subjugate reason,
Or will reason dominate emotion?

The victor crowned with the champion's belt-
What does it seek to proclaim?
The whisper of the fallen loser-
What does it hold within?

We know what is missing,
But we can't see where it belongs.

문맹과 무지

세상은 이성과 감성이
격돌하는 경기장이라지

과학 문맹의 정치가
이성을 다스리려 하지
정치 무지의 과학이
감성을 가르치려 하지

문명은 문맹과 무지가
난투하는 회전무대
감성이 이성을 석권하려나
이성이 감성을 압도하려나

챔피언 띠를 두른 승자
무엇을 선포하려는지
쓰러지는 패자의 귓속말
그 안에 무엇이 들어 있나

무엇이 빠져있는지는 알지만
그게 들어설 자리는 안 보이네

Silent Knocks

How many knocks
Turn into silent ones,
Passing by without an answer?

Always knocking at the door,
But no one listens carefully,
Unable to hear,
Believing no one is there.

The silent knock
Waits endlessly
For ears that can hear.

소리 없는 노크

얼마나 많은 두드림이
소리 없는 노크가 되어
대답 없이 스쳐 가는지

언제나 문 앞에서
두드리는데
기울여 듣지 않으니
못 듣고 없는 줄로 알지

소리 없는 노크
들을 수 있는 귀를
한없이 기다리리

The Wheel

Time is an incredible wheel
That rolls on without end.
Countless tiny bubbles rise,
Only to burst and vanish again.

Victors of the moment, losers to time,
Living within time, departing in an instant.
Are we merely dragged along,
Or do we also steer it, somehow?

The moment you truly wished
Time would stop-
When was it for you?
Where was it for me?

Whose time is it now?
What moment are we living?
Is it a game of deception,
A stage of killing and being killed?

Whose time comes next?
What will that time be for?
A contest of understanding and awakening,
A world of saving and truly living.

바퀴

시간은 그침 없이
굴러가는 놀라운 바퀴
무수한 작은 거품이
왜인지 일고 또 꺼져가지

순간의 승자요 시간의 패자
시간에 살다 순간에 가지
오로지 끌려만 가는 건가
실로 이끌기도 하는 건지

흘러가지 않길
진정 바라던 순간이
너에겐 언제이지
나에겐 어디이지

지금은 누구의 때
무얼 하는 순간이지
속고 속이는 경기이지
죽이고 죽는 무대이지

다음은 누구의 때
무얼 할 시간인지
깨닫고 깨우는 시합 이리
살리고 사는 세상 이리

Judgment Day

Maximizing sensuality,
They say it summons elegance.
Exposing the full extent of demonic allure,
They claim it spreads divinity.

Will you build a kingdom of righteousness
By making wickedness your vanguard?

Praying through tear-filled nights,
Asking to resemble the ultimate good.
In a dreamlike trance,
You saw a vision-
You stood there with Him.

The outward appearance bore similarity,
Yet within lurked a writhing demon.

Venturing into the wilderness, day and night,
Realizing the love of devotion.
Even after washing and cleansing
The inherent nature of evil,
Is Judgment Day still inevitable?

It is a day of triumph,
Eradicating the hidden germs within the sick,
Bringing forth the dawn of complete healing.

심판의 날

관능을 극대화하여
우아를 불러드린단다
마성을 최대로 노출해
신성을 전파하런 다네

사악을 선봉장으로 세워
의의 나라를 세우려느냐

지고선을 닮게 해달라
눈물로 지새워 기도하더니
비몽사몽간에 환상을 보네
그와 함께 선 저를 보았지

겉모습은 비슷이 닮았는데
속에 숨어 꿈틀대는 마수

광야에 밤낮으로 나아가
헌신의 사랑을 깨닫고
마의 근성을 씻고 씻겨도
심판의 날은 불가피한 건가

환자의 숨은 병독을 섬멸해
완치시키는 개선의 날이지

The Face of the Winter Solstice

Trapped in a tunnel of darkness
That seems to have no end,
Shall I fall into the panic of illusion?

The face of the winter solstice
Is painted in the winter sky.
Within the swirling clouds,
Rays of light seep through, opening
A breathtaking, vast, and deep expanse—
A space filled with infinite possibilities.

Riding on the dazzling starlight of the night sky,
The sun hastens its return,
Shaking the earth's axis with majestic footsteps.

동지의 얼굴

끝이 없을 것 같은
어둠의 터널에 갇혀
착시의 공황에 빠지려나

동짓날의 얼굴은
겨울 하늘에 그려있지
구름의 소용돌이 안으로
빛살이 스미며 열리는
놀라운 높고 깊은 창공
무한 가능성이 담겨 있지

눈부신 밤하늘 별빛 타고
바삐 달려 돌아오는 태양
웅장한 발소리로 지축을 흔들지

Smile

The stern face of a grandmother
Bursts into a radiant smile
At the innocent smile of her grandson.

What did she see?
What moved her so deeply
That she couldn't contain her joy?

Does she catch a glimpse of the source of that smile?
Does the meaning of life flash before her?
Her grandson becomes her teacher.

The grandson, too young to recall this smile,
Will one day become a grandfather,
Awed by the smile of his granddaughter.

The astonishing exchange of smiles,
The mysterious awakening of smiles,
The marvel of smiles passed down through generations.

미소

근엄한 할머니 얼굴이
천진난만한 손자의
미소에 파안대소하지

무엇을 보았길래
무슨 감동이 일어나
기쁨을 주체 못 하는지

미소의 원천을 흘깃 보는지
삶의 의미가 스쳐 지나는지
손자가 할머니 선생이네

미소의 기억도 없는 손자
먼 훗날 할아버지가 되어
손녀의 미소에 감복하리

놀라운 미소의 교환
오묘한 미소의 환기
경탄할 미소의 유전

Reemergence

As the gates of heaven open,

The deeply instilled emotions

Stir the mind and heart,

Reemerging the symphony of the essence.

Do you see that breathtaking scenery?

It is drawn just as reflected on the face.

The melody reveals the heavens above,

The song unveils the pinnacle of the sublime.

As written in the score,

Gazes and movements of hands unite,

Shaking the heart and soul,

Recreating the glory of the original.

Resonating through the universe,

The reenactment of awe,

Racing toward eternity,

A chain of endless reemergence.

재현

하늘 문이 열리며
깊이 부어 넣어준 감동
머리와 가슴을 격동해
본체의 연주를 재현하리

저 황홀한 경관 보이지
얼굴에 그려진 대로지
선율이 드러내는 하늘나라
노래가 펼치는 숭고의 극치

악보에 그려진 대로
눈빛과 손놀림이 모여
마음과 심령을 흔들어서
본디의 영광을 재현하지

우주로 울려 퍼지는
감동의 재현
영원으로 달려가는
재현의 사슬고리

A Hint

Grasping only the edge,
Endlessly, the end appears.
Focusing solely on the end,
You'll only cling to its edge.

In the radiant bloom of flowers,
Do you not see the waving gestures within?
Amid the stars shining in the night sky,
Do you not hear the subtle whispers of a hint?

Grasping only the beginning,
You will see nothing but beginnings.
Fixating solely on the start,
There will be endless beginnings.

귀띔

끝자락만 잡으니
한없이 끝만 보이리
끝만 바라보기에
끝자락만 붙들게 되리

눈부시게 피어나는 꽃 무리
그 안에서 흔드는 손짓 보이지
밤하늘에 빛나는 별 무리
속삭이는 은밀한 귀띔 들리지

시작만 움켜쥐니
한없이 시작만 보이리
시작만 바라보기에
무한한 시작뿐이리

Witch Hunt

Are all ingenious ideas
Inspired from above?
The outburst of selfish ambition,
Or the hidden demon's convulsion?

Countless extraordinary thoughts
Dig their own graves.

In the piercing gaze of witch hunters,
The devil's schemes flicker.
Gun barrels aiming for bounties-
Who is the criminal, and who the enforcer?

The path to building a heaven on earth
Turns into an unrelenting spree of slaughter.

The cunning revelation
Of a false prophet
Offers children as sacrifices
To the devil's altar.

A democratic state, trembling before the might of fandoms,
Pitifully tucking its tail in submission.

마녀사냥

기발한 아이디어가 모두
위에서 내린 영감인지
이기적 야심의 발산일지
숨어 있는 악마의 발작인지

수많은 비상한 생각이
자신의 무덤을 파가지

마녀 사냥꾼의 눈초리에
마귀의 책략이 번듯거리지
현상금 노리는 총부리들
누가 범죄자이고 집행자인지

지상천국을 세우는 길이
무자비 학살의 자행이네

거짓 선지자의
기발한 계시가
악마의 제물로
자녀를 바치지

팬덤의 위세에 벌벌 떨며
가련히 꼬리 내린 민주국가

Order

The ultrasound reveals

The maturing form of a fetus,

A miracle sprouting wondrously

From a single fertilized cell.

The power bestowed at creation,

A life code of planning and execution,

Astonishing order embedded in genes,

Unfolding the rhythm of time's design.

The head follows its designated path-

The heart and lungs develop as they're led-

Every system, as determined,

Grows and differentiates with perfect order.

Through the power of awe-inspiring order,

The present, encoded in the past,

The future, encrypted in the present,

Blooms into marvelous forms.

질서

초음파 영상에 잡힌
성숙해 가는 태아 모습
수태된 한 세포로부터
놀랍게 돋아나는 기적

태초에 내려받은 권능
계획과 실행의 생명 코드
유전자에 담긴 경탄할
시간의 질서가 발휘되지
지정된 길 따라 머리가-
이끌어 가는 대로 심폐가-
결정된 대로 모든 시스템이-
질서 정연히 분화 성장하지

경외한 질서의 능력으로
과거 안에 코드로 담긴 현재가
현재 안에 암호로 안긴 미래가
경이로운 형상들로 피어 나가지

Epilogue

The DNA of Time

Just as the DNA of cells
Reveals the body, mind, and soul of life,
The DNA of time
Shapes the body, mind, and soul of space-time.

The radiance of DNA,
A marvel of space-time.

An unfathomable,
Sublime will
Unceasingly and dynamically
Crafts an intricate design,
Unfolding from eternity to eternity.

The call of DNA,
A reverence of the universe.

에필로그

시간의 DNA

세포의 DNA가
생명의 몸과 마음 혼을
드러내 가듯
시간의 DNA가
시공의 몸과 마음 혼을
그려나가지

DNA 광채
경탄의 시공

헤아릴 수 없이
숭고한 뜻이
끊임없이 역동적으로
정교한 디자인을
영원에서 영원으로
연출해 나가리

DNA 외침
경외의 우주

이원로의 시세계

북 치는 사람의 숨
양순모

이원로의 시세계

북 치는 사람의 숨

양순모
(문학평론가)

1.

"죽음을 숨 쉬었던 사람에게 언어의 냄새는 얼마나 황당한 것이었을까!" 에밀 시오랑의 위 문장은 언어를 다루는 이들에게 두 번의 당혹스러움을 전달하는 것 같다.

하나. 문학은 죽음 앞에서 어떤 존재 증명을 해야 한다. 그런데 과연 그럴 수 있는 것일까. 좋은 문학은 필시 죽음을 숨 쉰 사람 앞에서 최소한의 정당성을 획득해야 할 것 같은데, 정말이지 그럴 수 있는 것일까. 그렇기에 둘, 문학 역시 죽음의 숨을 쉬어야 할 것 같다. 최소한의 자격을 갖추기 위해서, 그 스스로 황당한 것이 되지 않기 위해서, 깊은 호흡까지는 아닐지라도 어떻게든 죽음을 숨 쉬어야 할 것 같다. 그런데 과연, 문학은 그럴 수 있는 것일까. 문학은 정말 죽음의 숨을 쉬고 뱉을 수 있는 것일까.

에밀 시오랑의 아포리아 앞에서 한동안 발을 떼지 못하고 있던 때, 이원로 시인의 새 시집 『북 치는 사람』을 읽는다. 두 번의 당혹스러움을 상대하려는 듯, 그의 시집을 두 번 읽는다. 그 어떤 시인도 그 어떤 시어도 별수 없을 거라 생각했건만, 시인이 심장전문의이기 때문이었을까. 매일 같이 생과 죽음을 넘나드는 현장에서 한평생을 보내온 까닭이었을까. 북 치는 사람은 꼿꼿한 채 빛나고 있다. 불길처럼 빛나고 있다.

그렇다면 어떻게, 도대체 어떻게 그럴 수 있는 것일까. 결론부터 얘기해보자면, 필시 시인, 누구보다 아프게 저 문장을 끌어안으며 무릎 꿇었기 때문일 것이다. 죽음의 곁, 그곳에서 솟구쳐 오르는 마음의 불길, 시인은 그 앞에 두 손을 간신히 모은 채, 겸허하게 터져 나오는 기도의 언어를 하나씩 받아적고 있기 때문일 것이다. 죽음의 가장 가까운 곁에서부터 터져 나오는 기도의 언어는, 그것의 냄새는 그렇게 우리를 또 다른 의미에서 당혹스럽게 만드는 것 같다.

그날 그때
기념의 시간이지
두려움의 날이지
기대의 순간이지

궤도를 타고
진로를 따라
그날 그때는
오고 가지

영원의 이쪽에서
저쪽을 향해 달리는
전진의 일방통행
거역할 수 없는 힘

모두와 함께 살고
모두를 연결하며
모두에게 공평한
전능의 손이지

그날 그때
불가사의의 세계
경이의 우주
경외의 나라이지

―「그날 그때」 전문

"경탄의 우주"로 끝맺었던 「프롤로그」에 이어, 자연스레 이어지는 시집의 서시 「그날 그때」에서 우리는 아주 중요한 사실을 발견한다. 그날 그때, 불가사의의 세계이자 경이의 우주, 경외의 나라를 우리가 '이미' 살고 있음을 말이다. 그날 그때를 시인과 우리는 이미 이곳에서 살아내고 있다. 시인은 "일상에서 무궁을 보고/ 무궁 안에 일상이"(「무궁」) 존재하는 것을 깊이 깨달은 자인 것이다.

그런데, 우리는 우리가 이미 그날 그때를 이곳에서 살고 있다는 사실을 과연 받아들일 수 있는 것일까. 그날 그때를 의식하며 사는 삶이란, 응당 직간접적으로 불가사의의 세계, 경이와 경외로 향하는 그날 그때와 관계 맺겠지만, 그렇다고 우리가 그날 그때를 이미 살고 있다고 충분히 얘기할 수 있는 것일까. 그날 그때는 그야말로 그날이 와야, 그때가 와야 하는 것 아닌가. 어떻게 우리는 그날과 그때를 이미 살고 있다고 얘기할 수 있는 것일까.

  그것을 깨닫는 일, 적어도 시인은 그날 그때를 매일 같이 오늘로 살아내고 있음을 발견하는 일. 그렇기에 어쩌면 우리도 충분히 그럴 수 있음을 용기 내 다짐해 보는 일. 『북 치는 사람』의 곁에 가까이 다가가 무심코 맡게 되는 언어의 냄새, 그것을 맡은 사람이라면 충분히 예감할 수 있을 것 같다. 적어도 "정상은/ 바닥의 시작/ 바닥은/ 절정의 시작"(「스위치」)임을 말하는 시인과 더불어 우리는 비로소 "바닥"에 놓이며, 비로소 "시작"을, "절정의 시작"을 예감할 수 있을 것 같다. 『북 치는 사람』이 마련한 그 길로 함께 들어가 보자.

2.

    떠나가는 뒷모습에
    하염없이 가슴을 치네
    빗나간 애통인지
    잘 못 짚은 원망인지

    …(중략)…

    "알려주었는데
    못 알아채니

눈이 뜨일 때까지
함께 돌아야 하리"

―「자전과 공전」 부분

'님'과의 이별이라는 시적 상황은 한국 서정시가 탄생하는 자리일 뿐 아니라 서정시라는 장르의 운명과도 같은 조건이 아닐 수 없을 것이다. 예컨대 어린아이가 어머니와 헤어지는, 어머니를 떠나보내야 하는 원초적인 비유의 상황은 우리 인간, 더 정확히는 신으로부터 자율을 획득하고자 하는 근대인들에겐 불가피한 조건이다.

그렇기에 우리는 "눈이 뜨일 때까지/ 함께 돌아야 하리". 애도 역시 우리의 조건과도 같은 무엇이 되어야 하리. 일종의 순례와 같은 것이 되어야 하리. 사무치는 이별과 같은 상황이 우리네 삶의 피할 수 없는 조건이라면, 서정시 역시 우리가 놓아선 안 되는 우리네 조건이자, 그 조건을 "절정의 시작"으로 바꿀 수 있는 '방법'이 되어야 한다.

그렇다. 시인을 비롯해 우리 모두는 동일한 조건 속에 있는즉, 우리는 이별과도 같은 절절한 아픔을 피할 수 없다. 죽음을 피할 수 없는 것처럼, 우리는 서정적 상황을 피할 수가 없다. 그러므로 받아들일 것이냐 그렇지 않을 것이냐. 바로 이곳에 가장 처음이자 영원한 결정의 순간이 놓여 있다. 이미 우리는 그 순간을 지나왔지만, 그렇기에 무수한 고통을 겪어왔지만, 그러나 적어도 시집을 펼치고 있는 한 기회는 다시금 돌아온다. 그러니까 다시, 받아들일 것이냐, 거듭해 회피할 것이냐.

그렇다. "카멜레온은/ 알 낳는 날이/ 종말의 날이란다// 흙으로 알을 겨우 덮고/ 기진맥진해져/ 운명을 기다리지"(「카멜레온」). 시인의 끊임없는 시 쓰기에 대해 힌트가 될 수 있을 위 시구에서 우리는 정확히 시인 역시 우리와 같은 조건에 있음을 발견하며, 동시에 시인이 저 운명을, 그 기다림을 끝없은 시 쓰기와 더불어 받아들인 이라는 것을 알 수 있다. 시를 읽는 일, 시를 쓰는 일. 요컨대 그것은 저 피할 수 없는 사무침의 순간을 정직하게 순례해 나가는 길. 이는 우리가 거듭해 회피한 무엇을 기꺼이 받아들이는 일에 다름 아닌 것이다.

    마음과 혼을 다해 그려낸
    땅과 하늘과 지옥의 전시장

    자책과 오만의 모습
    갈망과 찬양의 경관
    공포와 저주의 광경

    제아무리 머리를 짜내도
    만날 때까지는 더듬을 뿐이지

    무언가에 결박되어 있지
    누군가에 사로잡혀 있지
    왜인지 집착하고 있지

    홀로는 풀 수 없어
    탄원의 소리 드높지

                                   ―「탄원」 전문

그렇다면 우리, 영원한 서정이라는 것을 받아들이고자 하는 우리는 구체적으로 무엇을 어떻게 읽고 써야 하는 것일까. "마음과 혼을 다해 그려낸/ 땅과 하늘과 지옥의 전시장". 시가 그려내는 리얼리즘, 시적 현실이란 응당 그런 것일 것이다. "제아무리 머리를 짜내도/ 만날 때까지는 더듬을 뿐이지"만, 거듭해 우리는 우리가 마주하는 "땅과 하늘과 지옥의 전시장"을 그려내고 또 읽고자 할 것이다.

그러나 우리의 '시 읽기와 시 쓰기'가 우리의 천형적 '조건'을 받아들이며 이를 '방법'으로 전환하는 과정으로의 그것이 진정 되기 위해서라면, 조금 더 주의해야 할 것 같다. "홀로는 풀 수 없어/ 탄원의 소리 드높지". "눈물을 흘려냈으니/ 빛에 두려워 떠니/ 잠 못 이루는 마음/ 홀가분해졌겠지"(「눈물의 밤」). 요컨대 탄원의 소리를, 홀가분을 위한 눈물을 시라고 착각해서는 안될 것 같다. 요컨대 시는 지옥의 전시장으로부터 벗어나기 위한 도구로서 시가 아닐 것이다.

"탄원해서 받았건/ 소명으로 주었건/ 위에서 내린 것이지", "무얼 하라는지/ 어찌하라는지/ 불길이 인도하리"(「불길」). 불은 신의 것, 길은 인간의 것. "하늘에 속한 것은 하늘로 / 땅에 속한 것은 땅으로/ 이룬 만큼 돌려주리"(「불길」). 우리가 끝없이 미메시스하고 묘사하며 읽고 쓰는 '시'란 그러한 것. 우리 안의 '신'을 거듭해 받아적는 것. 그것이 지옥처럼 보일지라도, 그 또한 신의 것이자 그렇기에 인간의 것이라 받아들이고 빠짐없이 받아적는 것. 그러니까 다시, 시는 탄원이 아닌 것. 진정 신을 받아들이는 순례의 과정이어야 할 것.

그런즉 우리에게 천형이 아닐 수 없는 끝없는 애도의 과정, 끝없는 시 읽기와 시 쓰기와 과정이란, 알게 모르게 우리가 거부하는 '신'을 받아들이는 과정. 그러한 받아들임의 과정과 더불어 "간절한 불길"(「손에 손」)을 만들어내는 것에 다름 아닐 것이다. "누군가 너의 손을/ 내밀 게도 하고/ 누군가 너의 손을/ 잡아주기도 하리"(「손에 손」). 요컨대 신의 손을 잡고 함께 나아가는 일. 그것이 우리가 영원한 서정이라는 천형 앞에서 구체적으로 무엇을 어떻게 읽고 써야 하는지에 대해 시인이 보여주는 명확한 대답일 것이다.

3.

주어진 한때를 꾸미려
모두 놀랍게 무성하리
나무는 하늘을 가려가고
풀에 온통 길이 덮여 가지

무한 질주 같아도
궤도는 못 벗어나리
DNA에 담긴 질서 따라
솟구치는 열정을 조절하리

바람이 소용돌이쳐도
혼란의 한도 내에 머물리
강물이 무섭게 범람해도
머리 숙여 제 길로 돌아오지

제아무리 달려가도
주어진 길 안에 있으리
아무리 솟아올라도

우주 안에 담겨 있으리

　　　　　　　　　　　　　―「한도」전문

　그런데, 우리 시인과 같이 신의 손을 잡을 수 있는 것일까. 신의 손을 잡는 일로서 시 읽기와 시 쓰기가 도무지 어려운 이들에게 말을 걸듯, 시인은 거듭해 우리 인간의 '한계'에 대해 이야기한다. "인류 역사의 모두는/ 생존과 생활의 여정", "문화와 문명의 수레바퀴는/ 생활이 방향을 잡아가고/ 생존의 힘이 돌려가지/ 선봉장은 언제나 생존이지"(「본능과 지성」). 그렇다. 그 어떤 이들보다 시인은 우리의 불길이 좀처럼 불길이 될 수 없음을 알고 있다. "지금 너와 나의 삶은/ 얼마가 생존에 지배되는지/ 얼마가 생활 영역인가/ 내일엔 어찌 할당되려나"(「본능과 지성」).

　이처럼 시인은 생에 대한 냉철한 이해와 더불어 우리의 한계를 고지하고 있다. "무한 질주 같아도/ 궤도는 못 벗어나리/ DNA에 담긴 질서 따라/ 솟구치는 열정을 조절하리". 우리는 벗어나지 못한다. "아무리 솟아올라도/ 우주 안에 담겨 있"을 수밖에 없다. 우리는 그런 존재이다. '생존'과 '생활', 'DNA'와 '우주'를 결코 벗어날 수 없는 그런 존재들인 것이다. 그러나 동시에 '우리'라는 존재는 도무지 한계를 모르는 존재, 열망과 추구의 존재들이기도 하다.

　　부질없는 소망이라고
　　신기루 붙들기라고
　　어찌 추구를 포기하리

　　이미 다 정해진 길
　　새로운 건 없다지만

평생 헛된 질 치느라고
심혈만 토하려느냐 지만

미지가 불러일으키는
호기심의 열망을
누가 가라앉힐 수 있으리

미래로 향한 추구의 길은
꿈들이 이끌어갈 맞춤형 궤도
주어진 한계에 묶여 있다지만
영혼의 불꽃은 여전히 타오르지

―「추구」 전문

 우리가 『북 치는 인간』에 거듭 매료되는 이유 중 하나는 북 치는 사람이 바로 우리네 이러저러한 모순되는 열정들을 모두 이해하고 있기 때문일 것이다. 독자 입장에선 시인이 우리를 너무도, 인간적으로 이해해 주고 있기 때문일 것이다. 그러나 주의할 것이 있다. 위의 시가 빛나는 이유는 정확히 「한도」와 더불어 놓여 있다는 사실. "주어진 한계에 묶여 있다지만/ 영혼의 불꽃은 여전히 타오르지". 오해하지 말아야 할 것은, 저 타오르는 불꽃은 "한계에 묶여" 있기에 가능하다는 사실, 즉 오직 한계를 인식하기에 가능한 불꽃인 것이다.
 그러므로 시인과 더불어 우리가 마주하는 또 다른 '조건'이란, "아버지는 높이 겨냥해/ 끝없이 날아보라는데/ 할아버지는 못 오를 나무는/ 아예 쳐다보지도 말라는 충고"(「날갯죽지」)와 같은 긴장, 우리를 끝없는 불안과 갈등에 시달리게 할 그러한 긴장 역시 포함될 것이다. 그렇다면 이러한 긴장은 어떠할까. 그것은 우리에게 하나의 방법이 되어줄 수 있는 것일까. 우리, 좀처럼 신의 손을 잡지 못할 이들에게 있어 저 긴장을 거듭해 애도해야 할 '조건'으로서 삼아볼 수 있는 것일까. 그러한 바닥이라면 우리네 절정의 새로운 시작이 되어줄 수 있는 것일까.

4.

    엄마 품에 안긴
    아기 고사리 손가락
    엄마 얼굴 쓰다듬는다
    눈과 귀를 더듬는다

    엄마의 몸과 마음이
    온통 녹아내리지
    형용할 수 없는 기쁨이
    머리 안에서 출렁대지

    누가 보낸 신호인지
    아기의 뇌 망을 흔들어
    사랑의 원천이 열리며
    애정의 물결이 넘쳐흐르리

    고사리손의 어루만짐이
    회로를 타고 높이 올라
    엄마의 뇌 망 깊은 곳에

감동의 불길을 지폈지

보낸 신호를
아기 손이 전달해
엄마를 흔들지
놀라운 신호체계지

―「고사리 손가락」 전문

　시인은 서두르지 않는다. 세상도, 그것과 긴장하는 나의 마음도 아직 좀처럼 받아들이지 못해 여전히 바닥을 딛지 못한 이들을 위해 시인은 더 낮게 말을 건넨다. 그렇다. "누가 보낸 신호인지", 정말이지 "놀라운 신호체계"를 가지고 태어난 우리는 우리도 모르게 우리 곁의 누군가에게 감동의 불길을 지필 수 있다고 말한다. "세상에는/ 헛된 열망이나/ 허망한 간구는 없다네// 모든 간구는/ 제 안에서만/ 나온 게 아니지/ 오묘한 고리로/ 높고 깊은 곳에/ 줄이 닿아 있지"(「허사」). 영원한 이별과 서정의 천형 속에서 생존과 생활의 마차에 끌려갈 수밖에 없음에도 불구하고, 우리는 우리 안에 존재하는 놀라운 무엇을 시인과 더불어 새삼 깨닫게 된다. 세상도, 나의 마음도 좀처럼 믿지 못하는 우리에게 시인은 커다란 용기를 선물처럼 건넨다.
　"사람이 다른 동물과 다른 점 중에서 가장 두드러지는 것은 꿈을 가지고 있다는 것일 것이다. …(중략)… 우리의 꿈은 우리 스스로가 만들어낸 산물이라기보다 우리의 인지가 미치지 못하는 초자연적 영역에서 유래되어 언제인가 이미 우리 속에 심어졌을 것으로 여겨진다."(이원로, 『화이부동』, 고요아침, 2014, 66~67쪽) 그렇다. 이미 우리 속에 심어진 무엇, 우리의 인지가 미치지 못하는 초자연적 영역에서 유래된 무엇이 우리에게 주어졌다. 우리가 꾸는 꿈은 그런 것이다. 그런데 시인은 곧바로 우리 안에 깊숙이 내재된 '조건'이자 '능력'으로서 우리의 꿈이 정확히 '나'가 아닌 '우리'의 것이었을 고지한다.

"진정한 꿈은 자기만의 부귀영달이 아니라 모두의 향상과 번영을 향한 꿈"(76쪽), 그러니까 어떤 바보 같은 꿈. "모두가 이기고 모두가 행복한 세상을 향한 지극한 동경을 지니고 추구하는 우리 속에 숨어 사는 바보"(64쪽) 같은 꿈. 우리가 가지고 태어난, 아주 깊숙이 지니고 태어난 우리의 '조건'으로서 '꿈'은 '나'의 것이 아니었다. 우리의 천형과도 같은 조건이자 우리의 능력인 '꿈'은 정확히 '우리'를 위한 것이었다. 그러니까 우리의 조건은 우리를 진정 우리로 만들어준다. 우리를 우리답게 만들어준다.

여기에 보내진
사명의 전부는
관계의 설정

오직 하나인
위와 아래
수직관계

무수한
사방팔방
수평관계

관계는 사귐
은혜 잡기와
서로 세워주기지

경외한 수직관계가

　　경이로운 수평관계를 이루어

　　영원으로 이끌어가지

—「수직과 수평」 전문

　우리 안에 깊숙이 주어진, 조건이자 능력으로서 '꿈'은 그렇게 무수한 방향으로 넓게, 끝없이 넓게 뻗어 나간다. "여기에 보내진/ 사명의 전부는/ 관계의 설정"이라는 과감하고도 감동적인 문장은 '꿈'이 무엇인지, 그렇게 '우리'가 무엇인지 되돌아보게 하는바, "오직 하나인/ 위와 아래/ 수직관계"가 그야말로 "무수한/ 사방팔방/ 수평관계"로 뻗어 나가는 현장을 목도하며 우리는 '나'가 무엇인지, '인간'이란 무엇인지 되돌아보지 않을 수 없을 것 같다. 그렇게 우리는, "경이로운 수평관계"에 대한 상상력을 잃어버렸을 우리는, 시인이 견지한 "경외한 수직관계"와 더불어 조금씩 변화하는 것을 느낀다. 우리네 보잘것없는 매일 매일이 "영원으로" 변해가는 것을. 천형과도 같은 영원이 경이로운 영원으로 변해가는 것을.

　　5.

　"죽음을 숨 쉬었던 사람에게 언어의 냄새는 얼마나 황당한 것이었을까!" 영원한 서정의 천형, 그것과 긴장하는 나의 욕망, 그 안에 깊숙하게 내재한 우리라는 꿈. 그것을 통과한 우리는 시인이 내뿜는 언어가 무엇인지 이제 조금 짐작할 수 있을 것 같다. 우리의 존재 그 자체를 받아들이는 언어, 우리라는 존재, 그러니까 그것이 지옥이건, 긴장이건, 경이이건 그 자체를 받아들이고자 하는 언어. 시인의 언어는 그런 언어인 것이다. 그렇다면 시인의 언어는 죽음을 품고 있는 것일까. 우리는 그의 언어와 더불어 우리가 기필코 밀어내고야 마는 죽음을 비로소 숨 쉬어 볼 수 있는 것일까.

> 발발 떨리는 손
> 자리 찾으려 허둥대는 발
> 꼭대기를 보자 어인 일인지
> 걸음을 빨리 건너뛰려다
> 헛딛고 벼랑에 달려 우네
>
> 야무지게 손잡이를 움켜쥐고
> 조심조심 발판을 딛고 솟는다
> 마지막 두 발짝을 한꺼번에
> 온 힘 다해 꼭대기에 뛰어올라
> 배 깔고 울음 터뜨리지
>
> 살려달라는 울음
> 실패와 좌절의 울음
> 성취와 안도의 울음
> 저를 이긴 기쁨의 울음
> 울음이 세상을 돌려가지
>
> ―「울음」 전문

　시인이 건네는 언어들을 "야무지게 손잡이(로) 움켜쥐고/ 조심조심 발판을 딛고 솟는" 우리, "마지막 두 발짝을 한꺼번에/ 온 힘을 다해 꼭대기에 뛰어올라/ 배 깔고" 터뜨리는 울음. 그런 울음을 우리는 터뜨릴 수 있을까.

"살려달라는 울음/ 실패와 좌절의 울음/ 성취와 안도의 울음/ 저를 이긴 기쁨의 울음" 그것을 우리 시인과 더불어 터뜨릴 수 있을까. 그런 "울음이 세상을 돌려가지"라는 시인의 문장이 깊은 위로로 다가오는 지금, 그 위로마저 다시 한번 야무지게 손잡이 삼아 시인이 밤새 터뜨린 그 울음을, 우리도 함께 터뜨릴 수 있는 것일까.

초음파 영상에 잡힌
성숙해 가는 태아 모습
수태된 한 세포로부터
놀랍게 돋아나는 기적

태초에 내려받은 권능
계획과 실행의 생명 코드
유전자에 담긴 경탄할
시간의 질서가 발휘되지
지정된 길 따라 머리가-
이끌어 가는 대로 심폐가-
결정된 대로 모든 시스템이-
질서 정연히 분화 성장하지

경외한 질서의 능력으로
과거 안에 코드로 담긴 현재가
현재 안에 암호로 안긴 미래가
경이로운 형상들로 피어 나가지

—「질서」 전문

『북 치는 사람』은 그 마지막 시편에서 "수태된 한 세포로부터/ 놀랍게 돋아나는 기적"을 우리에게 전달한다. "태초에 내려받은 권능/ 계획과 실행의 생명 코드/ 유전자에 담긴 경탄할/ 시간의 질서가" 발휘된다. "지정된 길 따라 머리가-/ 결정된 대로 모든 시스템이-/ 질서 정연히 분화 성장"한다. 시인은 끝내 죽음을 살아내지 못하는 우리에게, 그 앞에 눈물조차 흘리지 못하는 우리에게 따뜻한 기적과 경이를 말을 건넨다. 좀처럼 믿지 못하는 우리에게 시인은 다시금 손 내민다. 그럼 우리 이제 조금 믿어볼 수 있을까. 죽음을 숨 쉬어본 적 없는 우리의 코끝에 『북 치는 사람』의 언어가 맴돈다. 시인을 믿고, 있는 힘껏 들이마셔 본다.

저자 약력

About the Author

Lee Won-Ro

Poet as well as medical doctor (cardiologist), professor, chancellor of hospitals and university president, Lee Won-Ro's career has been prominent in his brilliant literary activities along with his extensive experiences and contributions in medical science and practice.

Lee Won-Ro is the author of sixty one poetry books along with fifteen anthologies. He also published extensively including ten books related to medicine both for professionals and general readership.

Lee Won-Ro's poetic world pursues the fundamental themes with profound aesthetic enthusiasm. His work combines wisdom and knowledge derived from his scientific background with his artistic power stemming from creative imagination and astute intuition.

Lee Won-Ro's verse embroiders refined tints and serene tones on the fabric of embellished words.

Poet Lee Won-Ro explores the universe in conjunction with his expertise in intellectual, affective and spiritual domains as a specialist in medicine and science to create his unique artistic world.

This book along with "The Drummer", "Silent Knocks", "Five Seasons", "The Sower", "Vertical and Horizontal", "That Day, That Moment", "Weather Vane", "Countdown", "On the Road", "Winter Gift", "Fair Winds", "The Promise", "Time Capsule", "The TeaCup and the Sea", "The Watershed", "the Seed of Eternity", "Milky Way In DNA", "Signs of Recovery", "Applause", "Invitation", "Night Sky", "Revival", "The Tunnel of Waves", "The Tomorrow within Today", "Our Home", "The Sound of the Wind", "Flowers and Stars", "Red Berries", "Dialogue", "Corona Panic", "Chorus", "Waves", "Thanks and Empathy", "A Mural of Sounds", "Focal Point", "Day Break", "Prelude to a Pilgrimage", "Rehearsal", "TimeLapse Panorama", "Eve Celebration", "A Trumpet Call", "Right on Cue", "Why Do You Push My Back", "Space Walk", "Phoenix Parade",

"The Vortex of Dances", "Pearling", "Priming Water", "A Glint of Light", "The River Unstoppable", "Song of Stars", "The Land of Floral Buds", "A Flute Player", "The Glow of a Firefly", "Resonance", "Wrinkles in Time", "Wedding Day", "Synapse". "Miracles are Everywhere", "Unity in Variety" and "Signal Hunter" are available at

Amazon.com/author/leewonro or

kdp.amazon.com/book shelf(paperbacks and e-books).

글쓴이

이원로

시인이자 의사(심장전문의), 교수, 명예의료원장, 전 대학교 총장인 이원로 시인은 월간문학으로 등단, 『빛과 소리를 넘어서』『햇빛 유난한 날에』『청진기와 망원경』『팬터마임』『피아니시모』『모자이크』『순간의 창』『바람의 지도』『우주의 배꼽』『시집가는 날』『시냅스』『기적은 어디에나』『화이부동』『신호추적자』『시간의 주름』『울림』『반딧불』『피리 부는 사람』『꽃눈 나라』『별들의 노래』『멈출 수 없는 강물』『섬광』『마중물』『진주잡이』『춤의 소용돌이』『우주유영』『어찌 등을 미시나요』『불사조 행렬』『마침 좋은 때에』,『나팔 소리』,『전야제』,『타임랩스 파노라마』,『장도의 서막』,『새벽』,『초점』,『소리 벽화』,『물결』,『감사와 공감』,『합창』,『코로나 공황』『대화』『빨간 열매』『꽃과 별』『바람 소리』『우리집』『오늘 안의 내일』『파도의 터널』『찻잔과 바다』『타임캡슐』『약속』『소생』『밤하늘』『초대장』『박수갈채』『회복의 눈빛』『DNA 안 은하수』『영원의 씨』『분수령』『나선계단』『순풍』『겨울 선물』『길 위에서』『카운트다운』『바람개비』『파도소리』『그날 그때』『수직과 수평』『씨 뿌리는 사람』『오 계절』『소리 없는 노크』등 73권의 시집과 16권의 시선집을 출간했다. 시집 외에도 그는 전공 분야의 교과서와 의학 정보를 일반인들에게 쉽게 전달하기 위한 실용서를 여러 권 집필했다.

이원로 시인의 시 세계에는 생명의 근원적 주제에 대한 탐색이 담겨져 있다. 그의 작품은 과학과 의학에서 유래된 지혜와 지식을 배경으로 기민한 통찰력과 상상력을 동원하여 진실하고 아름답고 영원한 우주를 추구하고 있다. 그의 시는 순화된 색조와 우아한 운율의 언어로 예술적 동경을 수놓아간다.

이원로 시인은 과학과 의학 전문가로서의 지성적, 감성적, 영적 경험을 바탕으로 그의 독특한 예술 세계를 개척해 가고 있다.

이 시집을 비롯하여 『북 치는 사람』, 『소리 없는 노크』, 『오계절』, 『그날 그때』, 『수직과 수평』, 『씨 뿌리는 사람』, 『바람개비』, 『카운트다운』, 『길 위에서』, 『겨울 선물』, 『순풍』, 『분수령』, 『영원의 씨』, 『DNA 안 은하수』, 『회복의 눈빛』, 『초대장』, 『밤하늘』, 『소생』, 『약속』, 『타임캡슐』, 『찻잔과 바다』, 『파도의 터널』, 『오늘 안의 내일』, 『우리집』, 『바람 소리』, 『꽃과 별』, 『빨간 열매』, 『대화』, 『코로나 공황』, 『합창』, 『물결』, 『감사와 공감』, 『소리 벽화』, 『초점』, 『새벽』, 『장도의 서막』, 『타임랩스 파노라마』, 『전야제』, 『나팔 소리』, 『마침 좋은 때에』, 『어찌 등을 미시나요』, 『우주유영』, 『불사조 행렬』, 『춤의 소용돌이』, 『진주 잡이』, 『마중물』, 『섬광』, 『멈출 수 없는 강물』,『별들의 노래』,『꽃눈 나라』,『피리 부는 사람』,『반딧불』,『울림』,『시집가는 날』,『시냅스』,『기적은 어디에나』,『화이부동』,『신호추적자』,『시간의 주름』 등은 아래에서 구입할 수 있다.

 Amazon.com/author/leewonro와

 kdp.amazon.com/bookshelf(paperbacks and e-books)

이원로 15번째 시선집

북 치는 사람 The Timpanist

초판 인쇄 · 2025년 11월 20일

초판 발행 · 2025년 11월 25일

지은이 · 이원로

펴낸이 · 이선희

펴낸곳 · 한국문연

서울 서대문구 증가로29길 12-27, 101호

출판등록 1988년 3월 3일 제3-188호

편집실 | 서울 서대문구 증가로31길 39, 202호

대표전화 302-2717 | 팩스 · 6442-6053

디지털 현대시 www.koreapoem.co.kr

이메일 koreapoem@hanmail.net

ⓒ 이원로 2025

ISBN 978-89-6104-408-0 03810

값 19,000원

* 잘못된 책은 바꾸어 드립니다.